RECETTES SANTÉ DE CUISSON LENTE 2022

DES RECETTES SAVOUREUSES POUR LES DÉBUTANTS

LISA DUBOIS

Table des matières

Poulet et nouilles de maman 20

Ingrédients 20

Des instructions 20

haricots Cowboy 22

Ingrédients 22

Des instructions 23

Poulet au miel et à la moutarde à la mijoteuse 24

Ingrédients 24

Des instructions 24

Gruau de nuit facile 25

Ingrédients 25

Des instructions 26

Remarques 26

Poulet BBQ effiloché à la mijoteuse 27

Ingrédients 27

Des instructions 27

Mijoteuse Zuppa Toscana ~ Copycat Olive Garden 29

Ingrédients 29

Des instructions 29

Poulet barbecue à la mijoteuse 31

Ingrédients 31

Des instructions 32

Lasagne à la mijoteuse 33

Ingrédients 33

Des instructions 34

Haricots pinto à la mijoteuse 35

Ingrédient 35

Des instructions 35

Casserole de petit-déjeuner Crockpot 37

Ingrédients 37

Des instructions 37

Crockpot Bacon Fromage Pommes de Terre 39

Ingrédients 39

Des instructions 40

Poulet mijoté à la crème sure et au bacon 41

Ingrédients 41

Des instructions 42

Purée de pommes de terre à la mijoteuse 43

Ingrédients 43

Des instructions 44

Recette de copieux tortellinis au fromage 45

Ingrédients 45

Des instructions 46

Macaroni au fromage à la mijoteuse 47

Ingrédients 47

Des instructions 47

Recette de poulet tex-mex avec haricots noirs et riz 49

Ingrédients 49

Des instructions 50

Poulet en sauce aux légumes et recette de riz 52

Ingrédients 52

Des instructions 53

Recette de céréales de petit-déjeuner chaudes et fruitées 54

Ingrédients 54

Des instructions 55

Recette d'ailes humides et tendres 56

Ingrédients 56

Des instructions 57

Recette préférée de sandwichs au bœuf italien 58

Ingrédients 58

Des instructions 59

Boulettes de viande à la mijoteuse	60
Ingrédients	60
Des instructions	60
Trempette Buffalo mijoteuse	61
Ingrédients	61
Des instructions	62
Recette de poulet du sud-ouest	63
Ingrédients	63
Des instructions	64
recette de poulet à la King	65
Ingrédients	65
Des instructions	66
Soupe de pommes de terre au fromage à la mijoteuse	67
Ingrédients	67
Des instructions	68
Carnitas de porc à la mijoteuse	70
Ingrédients	70
Des instructions	71
Soupe aux haricots noirs facile à la mijoteuse	72
Ingrédients	72
Des instructions	73

Rôti du Mississippi à la mijoteuse 74

Ingrédients 74

Des instructions 75

Côtelettes de porc à la mijoteuse à 2 ingrédients 76

Ingrédients 76

Des instructions 76

Sandwichs au porc effiloché BBQ Crockpot 77

Ingrédients 77

Des instructions 77

Crockpot Croustillant aux bleuets 79

Ingrédients 79

Des instructions 79

Courge spaghetti mijoteuse 81

Ingrédients 81

Des instructions 81

Dîner complet au poulet barbecue dans la mijoteuse 83

Ingrédients 83

Des instructions 84

Poulet teriyaki à la mijoteuse 85

Ingrédients 85

Des instructions 85

Fajitas au poulet à la mijoteuse 86

Ingrédients 86

Des instructions 87

Crockpot Poulet à la coriandre et à la lime 88

Ingrédients 88

Des instructions 89

Poulet au miel et au romarin à la mijoteuse 90

Ingrédients 90

Des instructions 91

Mijoteuse Poire, Pomme et Délices de Porc 92

Ingrédients 92

Des instructions 93

Poulet à la mijoteuse aux canneberges et à l'orange 94

Ingrédients 94

Des instructions 94

Pain de viande facile à la mijoteuse 96

Ingrédients 96

Des instructions 96

Poulet mijoté avec courge musquée, poires et canneberges 98

Ingrédients 98

Des instructions 99

Dîner complet de côtelettes de porc dans une mijoteuse 100

Ingrédients 100

Des instructions 101

Poivrons verts farcis à la mijoteuse 102

Ingrédients 102

Des instructions 103

Superbe ragoût de bœuf à la mijoteuse 104

Ingrédients 104

Des instructions 105

Poulet au citron à la mijoteuse 107

Ingrédients 107

Des instructions 108

Rôti de mandrin râpé et nouilles 109

Ingrédients 109

Des instructions 109

Poulet aux pommes enrobé de bacon à la mijoteuse 111

Ingrédients 111

Des instructions 112

Côtelettes de porc méditerranéennes à la mijoteuse 113

Ingrédients 113

Des instructions 114

Poulet à la bière BBQ à la mijoteuse 115

Ingrédients 115

Des instructions 115

Soupe de hamburger à la mijoteuse 117

Ingrédients 117

Des instructions 118

Croustade aux pommes à la mijoteuse 119

Ingrédients 119

Des instructions 119

Gruau de piment vert 121

INGRÉDIENTS 121

PRÉPARATION 121

Oeufs durs 123

INGRÉDIENTS 123

PRÉPARATION 123

Céréales chaudes dans la mijoteuse 124

INGRÉDIENTS 124

PRÉPARATION 124

Macaronis et Fromage 126

INGRÉDIENTS 126

PRÉPARATION 126

Macaroni et fromage en mijoteuse 127

INGRÉDIENTS 127

PRÉPARATION 127

Macaroni au fromage mexicain 129

INGRÉDIENTS 129

PRÉPARATION 129

Trempette mexicaine au fromage 130

INGRÉDIENTS 130

PRÉPARATION 130

Recette de cidre chaud 131

INGRÉDIENTS 131

PRÉPARATION 131

Vin chaud 132

INGRÉDIENTS 132

PRÉPARATION 132

Riz sauvage à l'orange 134

INGRÉDIENTS 134

PRÉPARATION 134

Riz de Paige pour Crockette 135

INGRÉDIENTS 135

PRÉPARATION 135

Polenta	136
INGRÉDIENTS	136
PRÉPARATION	136
Riz au safran	137
INGRÉDIENTS	137
PRÉPARATION	137
vinaigrette à la mijoteuse	138
INGRÉDIENTS	138
PRÉPARATION	139
Crème sure pour le pot	140
INGRÉDIENTS	140
PRÉPARATION	140
Punch aux abricots épicés	141
INGRÉDIENTS	141
PRÉPARATION	141
Strata aux épinards, au fromage et au bacon	143
INGRÉDIENTS	143
PRÉPARATION	143
Recette de céréales Crockpot de Susan	145
INGRÉDIENTS	145
PRÉPARATION	145

Sauce Tomate - Mijoteuse 146

INGRÉDIENTS 146

PRÉPARATION 146

Suprême d'Oeufs Végétal 148

INGRÉDIENTS 148

PRÉPARATION 148

Casserole de riz sauvage 149

INGRÉDIENTS 149

PRÉPARATION 149

Soupe au poulet du sud-ouest 150

Ingrédients: 150

Méthode: 151

Chili maison de Mark 152

Ingrédients: 152

Faire: 152

Tortilla Soup Poulet 153

De quoi as-tu besoin: 153

Que faire: 153

Chili à la Cincinatti 155

Ingrédients 155

Méthode 156

Soupe de patates douces et de carottes au cari 157

Ingrédients 157

Des instructions 157

Ragoût de saucisses de dinde et de haricots rouges 159

Ingrédients 159

Des instructions 159

Soupe de nouilles au poulet 160

Ingrédients 160

les directions 160

Soupe aux Légumes et aux Lentilles 162

Ingrédients 162

les directions 162

Chili au poulet mexicain 164

les directions 164

Soupe Mexicaine 165

Viande: 165

Légumes facultatifs 165

Le reste: 165

Méthode: 166

Poulet marocain Stew 167

Méthode: 167

soupe au bœuf et aux légumes	169
Méthode:	169
SOUPE DE COURGE ET SAUCISSE	171
Pour : 6	171
Ingrédients	171
les directions	172
Soupe française aux lentilles et au riz brun	173
Ingrédients	173
Méthode:	173
Soupe à la tomate	175
INGRÉDIENTS	175
Méthode:	175
Piment Texas Calico	178
Ingrédients	178
Méthode:	178
Chili maison	180
Ingrédients	180
Méthode:	180
le Chili	182
Ingrédients	182
Des instructions	182

Soupe taco sans gluten..184

Ingrédients..184

les directions..185

Soupe toscane au chou frisé et aux haricots blancs 186

Ingrédients:...186

Dans le pot...186

Sur la cuisinière..186

Méthode:...187

Dans le pot...187

Sur la cuisinière..187

Pain Croûté Frit..188

Ragoût de Poulet Posole 189

Ingrédients..189

Pour le ragoût : 189

Méthode:...190

Sauce barbecue facile..191

Ingrédients..191

Méthode:...191

Sloppy Joes 193

Ingrédients..193

Méthode:...193

Gyros de style mijoteuse 195

Ingrédients 195

Méthode: 195

Sauce: 195

Ingrédients 195

Méthode: 196

Poitrine de bœuf barbecue 197

Ingrédients: 197

Les directions: 197

Pitas au poulet à la grecque 199

Ingrédients: 199

Les directions: 199

INGRÉDIENTS 201

DES INSTRUCTIONS 201

Wraps au boeuf tex-mex 203

INGRÉDIENTS 203

PRÉPARATION: 203

poulet et quinoa 205

Ingrédients 205

Des instructions 205

Poulet grec 207

Ingrédients 207

Des instructions 208

Poulet balsamique aux olives 209

Ingrédients 209

Des instructions 209

Poulet hawaïen 211

Ingrédients 211

Des instructions 211

Poulet à la mijoteuse méli-mélo 213

Les directions: 213

Poulet et nouilles de maman

Source : Shelley King

Ingrédients

- 2 demi-poitrines de poulet moyennes ou poitrines de poulet désossées
- 1 grand pot de sauce au poulet style maison Heinz
- 1 boîte de soupe crème de céleri
- 1 boîte de soupe à la crème de poulet
- 1 sac de nouilles Amish ou n'importe quelles nouilles épaisses que vous préférez.
- Le sel
- Eau

Des instructions

1. Placez le poulet dans la mijoteuse à feu doux avec 2,5 tasses d'eau pendant la nuit. (8 heures)

2. Le matin, éteignez la mijoteuse et retirez le poulet. (assurez-vous que le dessus du poulet est doré) et jetez l'eau.

3. Lorsque le poulet est froid, désossez-le et déchirez-le en morceaux.

4. Vous pouvez placer le poulet au réfrigérateur jusqu'à ce qu'il soit prêt à être préparé pour le dîner ou vous pouvez tout faire le même jour et le placer dans une mijoteuse.

5. Une heure et demie avant le dîner, ajoutez la soupe à la crème de céleri, la soupe à la crème de poulet, 2 tasses d'eau, la moitié du pot de sauce au poulet maison Heinz, les nouilles et le couvercle, et mettez la mijoteuse à feu doux.

6. Faites cuire vos nouilles jusqu'à ce qu'elles soient tendres environ 1 heure.

7. Ajouter le poulet à la mijoteuse et remuer soigneusement. Tout le poulet et les nouilles doivent être bien mélangés avec les ingrédients dans la mijoteuse.

8. Couvrir le contenu avec l'autre moitié de la sauce au poulet style maison Heinz.

9. Replacez le couvercle de la mijoteuse et faites cuire à feu doux pendant ½ heure.

10. Au moment de servir du sel au goût

haricots Cowboy

Source : Brenda Hice

Type de recette : Accompagnement

Temps de préparation : 10 min

Temps de cuisson : 2 heures

Durée totale : 2h10

Sert : 8

Ingrédients

- 2 lb de mandrin bruni et moulu
- 1 boîte de haricots Great Northern
- 1 boîte de porc et haricots
- 1 boîte de haricots rouges
- 1 oignon, haché
- 1 tasse de sauce barbecue

- 1 poivron vert, haché

Des instructions

1. Mélanger tous les ingrédients, sauf la sauce barbecue. Mettre le mélange dans la mijoteuse.

2. Versez la sauce barbecue sur le mélange de haricots. Ne remuez pas !!

3. Cuire à feu doux pendant 2 heures ; puis à haute pendant 1 heure.

Poulet au miel et à la moutarde à la mijoteuse

Ingrédients

-
8 (4 oz) poitrines de poulet désossées et sans peau

-
2 tasses de vinaigrette de Dijon au miel sans gras ou ce qui est nécessaire pour couvrir le poulet

Des instructions

1. Vaporisez une mijoteuse avec un aérosol de cuisson sans gras.

2. Mettez le poulet dans la mijoteuse et recouvrez-le de vinaigrette.

3. Couvrir et cuire à feu vif pendant 3 à 4 heures ou à feu doux pendant 8 à 10 heures.

Gruau de nuit facile

Pour : 6

Ingrédients

- 4 tasses de lait
- ½ tasse de cassonade
- 2 cuillères à soupe. beurre fondu
- ½ c. sel
- 1 cuillère à café de cannelle
- 2 tasses d'avoine à l'ancienne ou coupée en acier
- 2 tasses de pomme, hachée
- 1 tasse de raisins secs
- 1 tasse de noix, hachées

Des instructions

1. Enduisez l'intérieur d'une mijoteuse de 3 à 4 pintes d'un aérosol de cuisson antiadhésif.

2. Combiner tous les ingrédients dans la mijoteuse et bien mélanger.

3. Couvrir et cuire à feu doux ou chaud pendant la nuit ou 7 à 8 heures. Le matin, vérifiez immédiatement la surcuisson.

4. Réfrigérez les restes.

Remarques

Garnitures supplémentaires : Beurre, cassonade, miel, cannelle, noix hachées, raisins secs, pépites de chocolat, sirop, fruits, cannelle

Poulet BBQ effiloché à la mijoteuse

Ingrédients

- 3 poitrines de poulet désossées

- Couvrir complètement avec votre sauce barbecue préférée

- Cuire à Low pendant 6 heures ou High pendant 4 heures.

Des instructions

1. Une fois cuit et tendre (3 heures et demie à haute ou 5 heures et demie à basse température), utilisez deux fourchettes pour déchiqueter le poulet et faites cuire pendant une demi-heure supplémentaire.

2. Servir avec une salade de chou et une salade de pommes de terre (je les achète chez Kroger lors de la vente du 10/10).

3. Ce repas m'a coûté moins de 5,00 $ au total !

4. Facultatif :

5. Cette recette peut être réalisée avec du porc. Nous utilisons généralement des longes de porc désossées.

6. Cette recette peut être utilisée avec du bœuf. Assurez-vous de vérifier que le bœuf est bien cuit.

Mijoteuse Zuppa Toscana ~ Copycat Olive Garden

Source : Melissa Jennings

Ingrédients

- ½ sac de Southern Hashbrowns
- 1 lb de saucisses italiennes dorées
- 5½ tasses de bouillon de poulet
- 2 c de kale haché
- ½ c. de flocons de piment rouge (plus si vous l'aimez épicé)
- ½ - 1 tasse d'oignons en dés surgelés
- 2 Cuillère à soupe d'ail haché
- ½ c de lait évaporé ou de crème

Des instructions

1. Combiner les pommes de terre rissolées du sud, les saucisses italiennes dorées, le bouillon de poulet, le chou frisé haché, les flocons de piment rouge, les oignons en dés surgelés et l'ail haché dans la mijoteuse.

2. Bien mélanger et mettre le couvercle.

3. Cuire à feu vif pendant 3 heures ou à feu doux pendant 6-8

4. Au cours des 30 dernières minutes, ajoutez le lait évaporé ou la crème, remuez et remettez le couvercle.

Poulet barbecue à la mijoteuse

Type de recette : Mijoteuse

Temps de préparation : 10 min

Temps de cuisson : 6 heures

Durée totale : 6 heures 10 minutes

Pour : 4

Ingrédients

- 4 à 6 morceaux de poitrines de poulet désossées et sans peau
- 1 bouteille de sauce barbecue
- 1 cuillère à soupe de vinaigre de cidre de pomme
- 1 cuillère à soupe de flocons de piment rouge
- ¼ tasse de cassonade
- 1 c. poudre d'ail

Des instructions

1. Mélanger la sauce BBQ avec tous les ingrédients.

2. Placer le poulet dans la mijoteuse.

3. Verser la sauce sur le poulet et cuire à FAIBLE pendant 4 à 6 heures.

Lasagne à la mijoteuse

Source : Kraft Foods

Ingrédients

- 1 livre de boeuf haché
- 1 pot (24 onces) de sauce à spaghetti
- 1 tasse d'eau
- 1 contenant (15 onces) de fromage ricotta
- 1 paquet (7 onces) de fromage mozzarella râpé au lait KRAFT 2 %, divisé
- ¼ tasse de fromage parmesan râpé KRAFT, divisé
- 1 oeuf
- 2 cuillères à soupe de persil frais haché
- 6 nouilles à lasagne, non cuites

Des instructions

1. Faire revenir la viande dans une grande poêle; drain. Incorporer la sauce à spaghetti et l'eau. Mélanger la ricotta, 1-1/2 tasse de mozzarella, 2 c. Parmesan, oeuf et persil.

2. Verser 1 tasse de sauce à la viande dans la mijoteuse; garnir de couches de la moitié des nouilles (cassées pour s'adapter) et du mélange de fromage. Couvrir de 2 tasses de sauce à la viande. Garnir du reste des nouilles (cassées pour tenir), du mélange de fromage et de la sauce à la viande. Couvrir avec un couvercle.

3. Cuire à FAIBLE intensité de 4 à 6 heures ou jusqu'à ce que le liquide soit absorbé. Saupoudrer du reste des fromages; laisser reposer, couvert, 10 min. ou jusqu'à ce qu'il soit fondu.

Haricots pinto à la mijoteuse

Source : Shelley Frady

Ingrédient

- ½ livre de haricots pinto séchés
- 3 tranches de bacon ou 1 os de jambon
- sel au goût

Des instructions

1. "Regardez" vos grains en versant une petite quantité de grains dans votre main en enlevant et en jetant les grains défectueux, cassés ou décolorés. Assurez-vous également de rechercher de petits cailloux.

2. Faire bouillir : Rincez les haricots et ajoutez-les dans une grande marmite, en les recouvrant de 2 à 3 pouces d'eau et faites bouillir rapidement pendant 10 à 15 minutes.

3. Réduire le feu à ébullition lente et ajouter le bacon ou l'os de jambon. Couvrir la casserole avec un couvercle et cuire jusqu'à tendreté (2-3 heures). Saler au goût lorsqu'il est presque prêt. (Vérifiez souvent les haricots et ajoutez de l'eau au besoin, les haricots secs absorbent beaucoup d'eau pendant la cuisson)

4. Version à la mijoteuse : La veille de l'étuvage comme indiqué ci-dessus. Ajouter les haricots dans une grande mijoteuse et couvrir de 2 à 3 pouces d'eau. Le matin, couvrez de 3 à 4 pouces d'eau, ajoutez du bacon ou de l'os de jambon dans la grande mijoteuse. Couvrir avec 3-4 pouces d'eau. Cuire 6 à 8 heures à feu doux jusqu'à ce qu'il soit cuit. Saler au goût.

Casserole de petit-déjeuner Crockpot

Ingrédients

- 1 douzaine d'œufs

- 1 tasse de lait

- 1 paquet (32 oz) de pommes de terre rissolées surgelées

- 1 lb de saucisses dorées et égouttées ou 1 lb de bacon cuit et émietté (ou utiliser les deux)

- 2 tasses de fromage cheddar ou colby jack - râpé

- ¼ cuillère à café de moutarde sèche

- ½ cuillère à café de sel

- ½ cuillère à café de poivre noir

- ½ tasse d'oignons verts - coupés en dés

- 1 poivron vert - coupé en dés

Des instructions

1. Vaporisez votre mijoteuse avec un aérosol de cuisson sans bâton ou utilisez une doublure de mijoteuse et vaporisez-la.

2. Étalez les pommes de terre congelées, le bacon ou les saucisses, les oignons (le cas échéant), le poivron vert (le cas échéant) et 1 tasse de fromage râpé dans la mijoteuse en deux ou trois couches.

3. Saupoudrer uniformément la 1 tasse de fromage râpé restant sur le dessus.

4. Battez ensemble les œufs, le lait, la moutarde sèche, le sel et le poivre.

5. Verser uniformément le mélange d'œufs sur le fromage dans la mijoteuse.

6. Cuire à feu doux pendant 7 à 8 heures ou jusqu'à ce que les œufs soient pris et bien cuits, commencez à minuit et réveillez-vous avec un délicieux petit déjeuner !

Crockpot Bacon Fromage Pommes de Terre

Ingrédients

- ¼ livre de bacon, coupé en dés - Je le fais d'abord cuire au four pour qu'il soit « cuit » et doré, puis je le coupe en dés et le place dans la mijoteuse.

- 1 petit oignon, tranché finement

- 6 à 8 pommes de terre rouges, coupées en quatre (tranchées finement si vous utilisez des pommes de terre ordinaires ou si vous utilisez une nouvelle pomme de terre, coupez-les en deux)

- ½ livre de fromage cheddar, tranché finement (râpé c'est bien)

- sel et poivre

- Beurre

Des instructions

1. Tapisser la mijoteuse de papier d'aluminium, en laissant suffisamment pour couvrir les pommes de terre une fois terminées - cela aidera à ne pas coller et à faire cuire les pommes de terre à la vapeur.

2. Couche la moitié du bacon, des oignons, des pommes de terre et du fromage dans la mijoteuse. Assaisonner au goût avec du sel et du poivre et parsemer de (vrai) beurre.

3. Répétez les couches de bacon, d'oignons, de pommes de terre et de fromage. Parsemer de beurre.

4. Couvrir avec le reste du papier d'aluminium.

5. Couvrir et cuire à feu doux pendant 4 à 6 heures.

Poulet mijoté à la crème sure et au bacon

Temps de préparation : 10 min

Temps de cuisson : 8 heures

Durée totale : 8 heures 10 minutes

Sert : 8

Ingrédients

- 8 tranches de bacon

- 8 poitrines de poulet désossées et sans peau

- 2 boîtes (10 oz) de crème de champignons à l'ail rôti

- 1 tasse de crème sure

- ½ tasse de farine

Des instructions

1. Vous pouvez préparer celui-ci de deux façons. Placer le bacon dans une grande poêle et cuire à feu moyen-doux jusqu'à ce qu'une partie de la graisse soit fondue. Assurez-vous que le bacon est encore souple et non croustillant. Égoutter sur du papier absorbant. Si vous utilisez cette méthode, réduisez la farine à ¼ de tasse. Ou ne faites pas cuire le bacon et poursuivez la recette. Enroulez ensuite une tranche de bacon autour de chaque poitrine de poulet désossée et placez-la dans une mijoteuse de 4 à 5 pintes. Dans un bol moyen, mélanger les soupes condensées, la crème sure et la farine et mélanger avec un fouet métallique pour mélanger. Verser sur le poulet. Couvrir la mijoteuse et cuire à feu doux pendant 6 à 8 heures jusqu'à ce que le poulet et le bacon soient bien cuits. Vous voudrez peut-être retirer le poulet et battre la sauce avec un fouet métallique pour qu'elle soit très bien mélangée. Verser la sauce sur le poulet. Pour 8 personnes

2. Si vous avez une nouvelle mijoteuse chaude, vérifiez le poulet à 5 heures. Il devrait être de 160 degrés F.

Purée de pommes de terre à la mijoteuse

Source : AllRecipes.com

Ingrédients

- 5 livres de pommes de terre rouges, coupées en morceaux
- 1 cuillère à soupe d'ail haché
- 3 cubes de bouillon de poulet
- 1 contenant (8 onces) de crème sure
- 1 paquet (8 onces) de fromage à la crème, ramolli
- ½ tasse de beurre
- sel et poivre au goût

Des instructions

1. Dans une grande casserole d'eau bouillante légèrement salée, cuire les pommes de terre, l'ail et le bouillon jusqu'à ce que les pommes de terre soient tendres mais fermes, environ 15 minutes. Égoutter en réservant l'eau. Dans un bol, écraser les pommes de terre avec la crème sure et le fromage à la crème, en ajoutant de l'eau réservée au besoin jusqu'à la consistance désirée.

2. Transférer le mélange de pommes de terre dans une mijoteuse, couvrir et cuire à Low pendant 2 à 3 heures. Juste avant de servir, incorporer le beurre et assaisonner avec du sel et du poivre au goût (si désiré)

Recette de copieux tortellinis au fromage

Source : publié à l'origine sous le nom de Hearty Cheese Tortellini dans Taste of Home Everyday Slow

Ingrédients

- ½ livre de saucisses italiennes en vrac
- ½ livre de bœuf haché maigre (maigre à 90 %)
- 1 pot (24 onces) de sauce marinara
- 1 boîte (14-1/2 onces) de tomates italiennes en dés
- 1 tasse de champignons frais tranchés
- 1 paquet (9 onces) de tortellinis au fromage réfrigérés
- 1 tasse (4 onces) de fromage mozzarella partiellement écrémé râpé

Des instructions

1. Dans une petite poêle, cuire les saucisses et le boeuf à feu moyen jusqu'à ce qu'ils ne soient plus roses; drain. Transférer dans un 3 pintes. mijoteuse.

2. Incorporer la sauce marinara, les tomates et les champignons.

3. Couvrir et cuire à feu doux pendant 6 à 7 heures ou jusqu'à ce que le tout soit bien chaud.

4. Préparez les tortellinis selon les instructions sur l'emballage ; incorporer au mélange de viande.

5. Saupoudrer de fromage.

6. Couvrir et cuire 15 minutes ou jusqu'à ce que le fromage soit fondu.

Macaroni au fromage à la mijoteuse

Ingrédients

- 2 tasses de lait évaporé
- ½ cuillère à café de paprika
- 1 oeuf, battu
- 2 cuillères à soupe de beurre
- 3½ tasses de fromage cheddar en cubes
- 1 paquet (8 onces) de macaronis
- 1 cuillère à café de sel (plus ou moins selon la saveur désirée)

Des instructions

1. Mélanger dans une mijoteuse : lait évaporé, paprika, sel, œuf, beurre et fromage ; remuer.

2. Cuire à puissance élevée pendant 1 heure.

3. Vers la fin de l'heure, portez à ébullition une grande casserole d'eau légèrement salée. Ajouter les macaronis et cuire de 7 à 10 minutes ou jusqu'à ce que les macaronis soient al dente (les pâtes ne doivent pas être cuites - elles doivent être moelleuses) et égoutter.

4. Incorporer les macaronis cuits à la sauce au fromage, réduire la température à basse température et cuire de 2 à 4 heures ou jusqu'au moment de servir.

Recette de poulet tex-mex avec haricots noirs et riz

Type de recette : mijoteuse

Ingrédients

- 6 quarts de cuisse de poulet, peau enlevée
- 1 enveloppe d'assaisonnement pour tacos, divisée
- 1 boîte (14-1/2 onces) de tomates mexicaines en dés, non égouttées
- 1 boîte (10-3/4 onces) de crème de poulet condensée, non diluée
- 1 gros oignon, haché
- 1 boîte (4 onces) de piments verts hachés
- 1 tasse de riz instantané non cuit
- 1 tasse de haricots noirs, rincés et égouttés
- 1 contenant (8 onces) de crème sure

- 1 tasse (4 onces) de fromage cheddar râpé

- 1-1/2 tasses de croustilles de tortilla écrasées

- Coriandre fraîche hachée

Des instructions

1. Saupoudrer le poulet avec 1 cuillère à soupe d'assaisonnement pour tacos; transférer dans un 5 ou 6 pintes. mijoteuse.

2. Dans un grand bol, combiner les tomates, la soupe, l'oignon, les piments et le reste de l'assaisonnement pour tacos; verser sur le poulet.

3. Couvrir et cuire à feu doux pendant 7 à 9 heures ou jusqu'à ce que le poulet soit tendre.

4. Préparez le riz selon les instructions sur l'emballage.

5. Placez les haricots dans un petit bol allant au micro-ondes.

6. Cuire au micro-ondes à puissance élevée pendant 30 secondes ou jusqu'à ce qu'il soit réchauffé; incorporer le riz.

7. Retirer la viande et garder au chaud.

8. Écrémez le gras des jus de cuisson; incorporer la crème sure.

9. Servir le poulet avec le mélange de riz.

10. Saupoudrer les portions de fromage, de croustilles de tortilla et de coriandre

Poulet en sauce aux légumes et recette de riz

Source : publié à l'origine sous le nom de Saucy Chicken with Veggies and Rice dans Simple & Delicious

Ingrédients

- 3 tasses de céleri tranché
- 3 tasses de carottes fraîches tranchées
- 2 tasses d'oignon tranché
- 6 demi-poitrines de poulet désossées et sans peau (5 onces chacune)
- 1 boîte (10-3/4 onces) de crème de champignons condensée, non diluée
- 1 enveloppe de mélange à soupe à l'oignon
- 1 cuillère à café de thym séché
- 1 cuillère à café de poivre

- ½ cuillère à café d'estragon séché

- 2 cuillères à soupe de fécule de maïs

- ⅓ tasse de vin blanc ou de bouillon de poulet

- Riz cuit chaud

Des instructions

1. Placez le céleri, les carottes, l'oignon et le poulet dans un récipient de 5 pintes. mijoteuse.

2. Dans un petit bol, combiner la soupe, le mélange à soupe, le thym, le poivre et l'estragon; verser sur le poulet.

3. Couvrir et cuire à feu doux pendant 4 à 5 heures ou jusqu'à ce que la viande soit tendre.

4. Mélanger la fécule de maïs et le vin jusqu'à consistance lisse; incorporer dans la mijoteuse.

5. Couvrir et cuire à puissance élevée 30 minutes de plus ou jusqu'à ce que la sauce ait épaissi.

6. Servir avec du riz.

Recette de céréales de petit-déjeuner chaudes et fruitées

Source : publié à l'origine sous le nom de Warm 'n' Fruity Breakfast Cereal dans Taste of Home

Ingrédients

- 5 tasses d'eau
- 2 tasses de céréales à sept grains
- 1 pomme moyenne, pelée et hachée
- 1 tasse de jus de pomme non sucré
- ¼ tasse d'abricots secs, hachés
- ¼ tasse de canneberges séchées
- ¼ tasse de raisins secs
- ¼ tasse de dattes hachées
- ¼ tasse de sirop d'érable
- 1 cuillère à café de cannelle moulue
- ½ cuillère à café de sel

- Noix hachées, facultatif

Des instructions

1. Dans un 5 pintes. mijoteuse, combiner les 11 premiers ingrédients.

2. Couvrir et cuire à feu doux pendant 6 à 7 heures ou jusqu'à ce que les fruits soient ramollis.

3. Saupoudrer les portions individuelles de noix si désiré.

Recette d'ailes humides et tendres

Source : initialement publié sous le titre Moist N Tender Wings dans Quick Cooking mai/juin 2004,

Ingrédients

-
25 ailes de poulet entières (environ 5 livres)

-
1 bouteille (12 onces) de sauce chili

- ¼ tasse de jus de citron

- ¼ tasse de mélasse

-
2 cuillères à soupe de sauce Worcestershire

-
6 gousses d'ail, hachées

-
1 cuillère à soupe de piment en poudre

-
1 cuillère à soupe de salsa

-
1 cuillère à café de sel d'ail

- 3 gouttes de sauce piquante

Des instructions

1. Couper les ailes de poulet en trois sections ; jeter les bouts d'ailes.

2. Placez les ailes dans un 5-qt. mijoteuse.

3. Dans un petit bol, combiner le reste des ingrédients ; verser sur le poulet.

4. Remuer pour enrober.

5. Couvrir et cuire à feu doux pendant 6 à 8 heures ou jusqu'à ce que le poulet soit tendre.

Recette préférée de sandwichs au bœuf italien

Source : publié à l'origine sous le nom de Italian Beef Sandwiches in Country Woman

Ingrédients

- 1 pot (11 1/2 onces) de pepperoncini
- 1 rôti de paleron de boeuf désossé (3-1/2 à 4 livres)
- ¼ tasse d'eau
- 1-3/4 cuillères à café de basilic séché
- 1-1/2 cuillères à café de poudre d'ail
- 1-1/2 cuillères à café d'origan séché
- 1-1/4 cuillères à café de sel
- ¼ cuillère à café de poivre
- 1 gros oignon, tranché et coupé en quartiers

- 10 à 12 petits pains durs, divisés

Des instructions

1. Égoutter en réservant le liquide. Retirer et jeter les tiges des poivrons; réserver les poivrons.

2. Couper le rôti en gros morceaux; placer un tiers de la viande dans un 5-qt. mijoteuse. Ajoutez de l'eau.

3. Dans un petit bol, mélanger les assaisonnements ; saupoudrer la moitié sur le boeuf.

4. Couche avec la moitié de la viande restante, puis l'oignon, les poivrons réservés et le liquide.

5. Garnir du reste du mélange de viande et d'herbes.

6. Couvrir et cuire à feu doux pendant 8 à 9 heures ou jusqu'à ce que la viande soit tendre.

7. Effilocher le boeuf avec deux fourchettes.

8. À l'aide d'une écumoire, servir le boeuf et les poivrons sur des petits pains.

Boulettes de viande à la mijoteuse

Source : Linda Jennings

Ingrédients

- Boulettes Suédoises, 2 sachets (80)

- 2 pots de sauce chili

- 1 grand pot de gelée de raisin

Des instructions

1. Mélanger jusqu'à homogénéité dans une mijoteuse. Ajouter toutes les boulettes de viande, mais assurez-vous qu'elles sont complètement recouvertes de sauce. Tournez la mijoteuse à basse température pendant 4 à 5 heures ou à haute température pendant 2 heures. Servir avec un cure-dent.

Trempette Buffalo mijoteuse

Source : Sabine Prehna

Ingrédients

- 2-3 poitrines de poulet désossées, ou 2 boîtes de morceaux de poulet égouttés (j'ai utilisé de la poitrine de poulet)
- 2 paquets de 8 oz de fromage à la crème
- 1 petite bouteille de sauce piquante, ou ¾ tasses
- ½ tasse de vinaigrette ranch ou fromage bleu
- 1½ tasse de fromage cheddar râpé
- 1 botte d'oignons verts hachés
- Croustilles Tostitos

Des instructions

1. Faites cuire/bouillir le poulet puis coupez-le en cubes. Si vous utilisez le morceau de poulet en conserve, assurez-vous de l'égoutter et aucune cuisson n'est nécessaire

2. Mettez la sauce piquante et le poulet haché dans une poêle à feu moyen

3. Ajouter le fromage à la crème dans la poêle et remuer jusqu'à ce qu'il soit complètement fondu

4. Incorporer la vinaigrette de votre choix et mélanger jusqu'à homogénéité

5. Ajouter la moitié du fromage cheddar et les oignons verts hachés et mélanger jusqu'à homogénéité

6. Transférer le contenu dans une mijoteuse et ajouter le reste du fromage sur le dessus, cuire à feu doux jusqu'à ce qu'il bouillonne

7. Retirer de la mijoteuse et transférer dans un bol de service

8. Servir avec des tostitos (croustilles de maïs) et déguster

9. Vous pouvez combiner le tout dans une mijoteuse et faire cuire à feu moyen jusqu'à l'étape 5, puis ajouter le fromage et tourner la mijoteuse à feu doux.

Recette de poulet du sud-ouest

Source : publié à l'origine sous le nom de poulet du sud-ouest dans Taste of Home Everyday Slow Cooker & One Dish Recipes Annual 2009

Ingrédients

- 1 boîte (15-1/4 onces) de maïs en grains entiers, égoutté

- 1 boîte (15 onces) de haricots noirs, rincés et égouttés

- 1 pot (16 onces) de salsa douce

- 4 demi-poitrines de poulet désossées et sans peau (5 onces chacune)

- Lanières de poivron rouge et jaune, crème sure, fromage cheddar râpé et oignons verts tranchés, facultatif

Des instructions

1. Dans un 3 pintes. mijoteuse, superposez les trois quarts du maïs et des haricots et la moitié de la salsa. Disposer le poulet sur la salsa; garnir du reste du maïs, des haricots et de la salsa. Couvrir et cuire à feu doux pendant 4 à 5 heures ou jusqu'à ce que le poulet soit tendre.

2. Déchiqueter le poulet avec deux fourchettes et remettre dans la mijoteuse; réchauffer. Garnir de poivrons, de crème sure, de fromage et d'oignons si désiré.

recette de poulet à la King

Source : Chicken A La King publié dans Quick Cooking janvier/février 1999, p34

Ingrédients

-
- 1 boîte (10-3/4 onces) de crème de poulet condensée, non diluée
-
- 3 cuillères à soupe de farine tout usage
- ¼ cuillère à café de poivre
-
- Un trait de piment de Cayenne
-
- 1 livre de poitrines de poulet désossées et sans peau, coupées en cubes
-
- 1 côte de céleri, hachée
- ½ tasse de poivron vert haché
- ¼ tasse d'oignon haché
-
- 1 paquet (10 onces) de pois surgelés, décongelés

-

2 cuillères à soupe de piments en dés, égouttés

-

Riz cuit chaud

Des instructions

1. Dans un 3 pintes. mijoteuse, mélanger la soupe, la farine, le poivre et le poivre de Cayenne jusqu'à consistance lisse.

2. Incorporer le poulet, le céleri, le poivron vert et l'oignon.

3. Couvrir et cuire à feu doux pendant 7 à 8 heures ou jusqu'à ce que les jus de viande soient clairs.

4. Incorporer les pois et les piments.

5. Cuire 30 minutes de plus ou jusqu'à ce que le tout soit chaud.

6. Servir avec du riz.

Soupe de pommes de terre au fromage à la mijoteuse

Ingrédients

- 32 onces. pommes de terre rissolées râpées
- ½ tasse d'oignon jaune haché
- ½ tasse d'oignon vert haché, plus un supplément pour la garniture
- ¼ tasse de céleri coupé en dés
- ¼ tasse de carottes coupées en dés
- 32 onces. bouillon de poulet
- 1 tasse d'eau
- 1½ c. Sel casher
- 1 c. poivre moulu
- 3 cuillères à soupe. farine tout usage
- 1 tasse de crème épaisse

-

2 tasses de fromage cheddar fort râpé

- ¼ tasse de morceaux de bacon croustillant, émiettés

- ¼ tasse de ciboulette fraîche hachée

-

poivre concassé pour la garniture

-

crème sure pour la garniture

Des instructions

1. Dans une mijoteuse de 3 à 4 pintes, ajouter l'eau, le bouillon, l'oignon, l'oignon vert, la carotte, le sel, le poivre et les pommes de terre.

2. Cuire à feu doux pendant 6 à 8 heures jusqu'à ce que les pommes de terre soient tendres.

3. Ajouter la farine à la crème épaisse et remuer jusqu'à consistance lisse. Ajouter le mélange de crème dans la mijoteuse et cuire à feu vif pendant 20 à 30 minutes ou jusqu'à ce que le mélange ait épaissi.

4. Ajouter le fromage cheddar et remuer jusqu'à ce qu'il soit fondu. Cuire à feu doux pendant 10 à 15 minutes, puis passer au réglage "maintien au chaud".

5. Au moment de servir, saupoudrer de bacon émietté, de ciboulette fraîche, de poivre concassé facultatif et d'un peu d'oignon vert sur chaque bol de soupe et servir chaud.

Carnitas de porc à la mijoteuse

Source : Melissa Jennings

Ingrédients

- 3 lb de côtelettes de porc désossées
- 1 oignon, coupé en dés
- 1 poivron jaune, tranché
- 1 poivron orange, tranché
- 1 poivron rouge, tranché
- 2 gousses d'ail, écrasées et hachées
- 2 cuillères à soupe de piment en poudre
- 1 CUILLÈRE À SOUPE. cumin
- 2 feuilles de laurier

- ½ tasse de sauce taco
- ½ tasse d'eau
-

sel et poivre au goût

Des instructions

1. Mettre l'eau dans la mijoteuse
2. Ajouter les côtelettes de porc
3. Placer tous les ingrédients sur le dessus et remuer légèrement
4. Cuire à feu vif pendant 5 à 6 heures ou à feu doux pendant 7 à 8 heures.
5. Déchiqueter la viande avec une fourchette ou un couteau bien aiguisé sur une planche à découper.
6. Servir avec des tortillas, du fromage, de la salsa, de la laitue, des tomates, du guacamole, de la crème sure ou toute autre garniture que vous préférez.

Soupe aux haricots noirs facile à la mijoteuse

Source : OneHundredDollarsaMonth.com

Ingrédients

-
- 2 boîtes (15 oz) de haricots noirs, égouttés et rincés
-
- 2 boîtes (14 oz) de tomates, non égouttées
-
- 1 (14 oz) de maïs, égoutté
- ½ tasse d'eau
-
- 2 cuillères à soupe de ciboulette fraîche
-
- 2 cuillères à soupe de piment en poudre
-
- 1 cuillère à café de cumin en poudre
-
- 1 gousse d'ail, hachée

-

Des instructions

1. Mélangez le tout dans la mijoteuse et mélangez bien.

2. Cuire à feu doux pendant 8 heures.

3. Servez et dégustez !

Rôti du Mississippi à la mijoteuse

Source : Blog de la Table pour deux

Ingrédients

- Rôti de mandrin de 3 lb
- 1 sachet de mélange d'assaisonnement ranch sec (1 oz)
- 1 sachet de mélange à sauce au jus (1 oz)
- 6 cuillères à soupe de beurre
- ¼ tasse d'eau

Des instructions

1. Mettre l'eau dans la mijoteuse.

2. Ajouter le rôti de paleron.

3. Saupoudrer le mélange d'assaisonnement ranch sur le dessus du rôti, puis saupoudrer le sachet de jus au dessus.

4. Placez ensuite le beurre dessus.

5. Placer le couvercle et cuire à feu doux pendant 8 heures.

6. Déchiqueter et servir avec de la sauce.

Côtelettes de porc à la mijoteuse à 2 ingrédients

Ingrédients

- 6 côtelettes de porc désossées

- 1 boîte de crème de champignons ou de poulet

- eau ou lait

Des instructions

1. Placer une rangée de côtelettes de porc (environ 3) au fond de la mijoteuse.

2. Dans un petit bol versez le contenu de la soupe; remplissez la boîte avec de l'eau ou du lait et versez dans un bol et fouettez ensemble.

3. Verser le mélange de sauce sur les côtelettes de porc pour couvrir.

4. Mettez une autre couche de côtelettes de porc et versez le reste du mélange de sauce dessus.

5. Placer le couvercle sur la mijoteuse et cuire à feu doux pendant 4 à 6 heures.

6. Servir avec de la sauce et déguster !

Sandwichs au porc effiloché BBQ Crockpot

Source : Stéphanie Ertel

Ingrédients

-
3-4 lb de porc boston
- ½ tasse d'eau
-
sel et poivre
-
1½ tasse de sauce barbecue

Des instructions

1. Assaisonnez votre porc avec du sel et du poivre (utilisez autant ou aussi peu que vous le souhaitez).
2. Placer le porc dans la mijoteuse et ajouter ½ tasse d'eau.
3. Placer le couvercle sur la mijoteuse et régler à basse température.
4. Laisser cuire 20h (j'ai mis le mien à la mijoteuse vers 20h).
5. Retirer le porc de la mijoteuse dans une grande assiette.

6. Réserver le jus de la mijoteuse dans un bol.

7. Effilocher le porc et le remettre dans la mijoteuse.

8. Mélangez la sauce BBQ et ½ tasse de jus; verser sur le porc effiloché et mélanger (ajouter plus de sauce BBQ et de jus si ce n'est pas assez).

9. Remettez le couvercle et faites cuire à feu doux pendant encore une heure.

10. Remuer et servir sur des petits pains avec de la sauce BBQ supplémentaire si désiré.

Crockpot Croustillant aux bleuets

Source : Adapté de eatathomecooks.com

Ingrédients

-
16 oz de bleuets surgelés
-
1¼ tasse d'avoine rapide
- ½ tasse de morceaux de noix de pécan
- ½ tasse de farine de blé entier
- ¼ c. sel
-
2 cuillères à café de cannelle
-
1 cuillère à café de noix de muscade
- ¼ tasse de miel
-
4 CS de beurre ramolli

Des instructions

1. Vaporisez l'intérieur de la mijoteuse avec un aérosol de cuisson (ou utilisez une doublure).

2. Placer les myrtilles au fond de la mijoteuse (congelées)

3. Mélanger l'avoine, les pacanes, la farine de blé entier et la cannelle.

4. Ajoutez le miel et le beurre et, à l'aide d'un mélangeur à pâtisserie ou de deux couteaux, mélangez jusqu'à ce que des miettes se forment.

5. Ajouter les crumbles aux myrtilles.

6. Couvrir et cuire à feu doux de 3 à 5 heures.

7. C'est tout ! Servir avec de la glace si désiré et déguster !

Courge spaghetti mijoteuse

Source : Stéphanie Ertel

Ingrédients

-
- 1 grosse courge spaghetti ou 2 petites courges spaghetti
- ½ tasse d'eau

Des instructions

1. À l'aide d'une fourchette, piquez la courge 4 à 5 fois.
2. Placer dans la mijoteuse et ajouter de l'eau.
3. Placer le couvercle sur la mijoteuse et régler à feu doux pendant 6 à 8 heures.
4. Retirer délicatement de la mijoteuse et placer sur une assiette.
5. Laisser refroidir 5 minutes.
6. À l'aide d'un couteau, couper la courge en deux dans le sens de la longueur et retirer les graines.

7. À l'aide d'une fourchette, grattez la courge spaghetti et placez-la sur une assiette ou dans un bol.

8. Servir tout de suite.

Dîner complet au poulet barbecue dans la mijoteuse

Source : Stéphanie Ertel

Ingrédients

-
- 3-4 poitrines de poulet désossées
-
- 1 petit sac de petites pommes de terre rouges
-
- 1 petit sachet de mini-carottes
- ¼ tasse de sauce aux pommes chipotle de Country's Bob's
-
- 3 cuillères à soupe de miel
-
- 3 cuillères à soupe d'huile d'olive
- ½ cuillère à café de cannelle
-
- ⅛ cuillère à café de noix de muscade
-
- sel et poivre au goût

Des instructions

1. Placer les poitrines de poulet au fond de la mijoteuse.

2. Verser la sauce Bob Country's sur les poitrines de poulet.

3. Étalez un morceau de papier d'aluminium sur les poitrines de poulet.

4. Prenez un autre morceau de papier d'aluminium et déposez-le dans la mijoteuse ; placez-y les pommes de terre.

5. Saupoudrer d'huile d'olive, de sel et de poivre sur le dessus des pommes de terre.

6. Amenez le papier d'aluminium autour des pommes de terre en créant une poche.

7. Mettez un autre morceau de papier d'aluminium dans la mijoteuse et placez-y les carottes.

8. Verser le miel sur les carottes et saupoudrer de cannelle et de muscade.

9. Amenez le papier d'aluminium autour des carottes et créez une poche.

10. Placer le couvercle sur la mijoteuse et régler à basse température pendant 8 heures.

11. Une fois cela fait, sortez soigneusement les sachets d'aluminium à l'aide d'une manique.

12. Défaire le papier d'aluminium et servir avec le poulet.

Poulet teriyaki à la mijoteuse

Source : OneGoodThingByJillee.com

Ingrédients

-
1 tasse de jus d'ananas
- ½ tasse de cassonade tassée
-
⅓ tasse de sauce soja
-
2 lb de poitrines de poulet désossées et sans peau coupées en cubes de 1 pouce

Des instructions

1. Mettre tous les ingrédients dans la mijoteuse et remuer.
2. Mettez le couvercle et faites cuire à basse température pendant 4 à 6 heures.
3. Servir sur du riz si désiré.

Fajitas au poulet à la mijoteuse

Source : MakingOurMarx.com

Ingrédients

-
- 2 poivrons verts, tranchés
-
- 1 oignon, tranché
-
- 3 poitrines de poulet
- ½ tasse de bouillon de poulet
-
- 1 sachet d'assaisonnement pour tacos
-
- 1 cuillère à café de piment en poudre
- ½ cuillère à café de paprika
-
- 1 cuillère à café de sel

Des instructions

1. Étiquetez et écrivez les instructions suivantes sur le sac de congélation - Cuire à basse température 5-6 heures Déchiqueter le poulet et servir sur des tortillas.

2. Ajouter tous les ingrédients au sac de congélation et mettre à plat dans le congélateur.

3. Lorsque vous êtes prêt à faire, sortez du congélateur et décongelez au réfrigérateur pendant la nuit.

4. Versez le contenu du sac dans la mijoteuse et faites cuire à feu doux pendant 5 à 6 heures.

5. Avant de servir, déchiqueter le poulet et remuer.

6. Servir sur des tortillas avec vos garnitures préférées.

Crockpot Poulet à la coriandre et à la lime

Source : whatacrockpot.com

Ingrédients

- 2 poitrines de poulet
- 1 botte de coriandre fraîche, hachée
- 1 oignon rouge, haché
- 1 boîte de haricots noirs, égouttés et rincés
- 2 tasses de maïs congelé
- 2 cuillères à café d'ail haché
- 1 cuillère à café de cumin
- Jus pressé de 2 citrons verts
- tortillas (pour servir)

- fromage râpé (pour servir)

- crème sure (pour servir)

Des instructions

1. Placer tous les ingrédients dans un sac de congélation.

2. Congelez à plat.

3. Décongeler toute la nuit au réfrigérateur.

4. Verser dans la mijoteuse et cuire à FAIBLE 8 heures ou ÉLEVÉ 4 heures.

5. Effilocher le poulet et mélanger le mélange.

6. Servir dans des tortillas et déguster.

Poulet au miel et au romarin à la mijoteuse

Source : MakingOurMarx.com

Ingrédients

-
4 poitrines de poulet, coupées en bouchées

-
⅓ tasse de vinaigre balsamique

-
⅓ tasse de miel

-
⅓ tasse d'huile d'olive

-
3 cuillères à soupe de romarin, haché ou vous pouvez utiliser du romarin séché

-
1 cuillère à café de sel

Des instructions

1. Étiquetez et écrivez les instructions suivantes sur votre sac - Ajoutez 1 tasse d'eau et faites cuire à basse température pendant 6 à 8 heures.

2. Ajouter tous les ingrédients au sac.

3. Mettre à plat au congélateur.

4. Lorsque vous êtes prêt à préparer, sortez le sac du congélateur et laissez-le décongeler toute la nuit au réfrigérateur.

5. Versez le contenu du sac dans la mijoteuse, ajoutez de l'eau et faites cuire à basse température pendant 6 à 8 heures.

Mijoteuse Poire, Pomme et Délices de Porc

Source : Mamans de A à Z

Ingrédients

- 3 pommes, tranchées
- 2 poires, tranchées
- 3 lb de porc, coupé en cubes de 1 pouce
- 1 oignon, tranché
- 1½ c. cassonade
- 1½ c. jus de pomme
- ½ c. le vinaigre
- 3 T. Moutarde

Des instructions

1. Si vous préparez un repas congelé, écrivez les instructions suivantes sur le sac :

2. Ajouter 2 ½ c. eau, Cuire à feu doux pendant 6 à 8 heures ou à feu vif pendant 3 à 4 heures.

3. Coupez la viande, les fruits et les oignons, placez-les dans un sac de congélateur de la taille d'un gallon.

4. Mélanger la cassonade, le jus de pomme, le vinaigre et la moutarde puis verser dans le sac.

5. Mettre à plat au congélateur.

6. Au moment de préparer, décongeler toute la nuit au réfrigérateur.

7. Verser le contenu dans la mijoteuse et ajouter 2 ½ c. l'eau.

8. Bien mélanger le mélange.

9. Cuire à basse température pendant 6 à 8 heures ou à haute température pendant 3 à 4 heures.

10. Servez et dégustez.

Poulet à la mijoteuse aux canneberges et à l'orange

Source : Mamans comme moi de A à Z

Ingrédients

-
1 livre de poulet

-
1 tasse de jus d'orange

-
1 tasse de sauce aux canneberges

Des instructions

1. Si vous préparez un repas congelé - Écrivez les instructions suivantes sur le sac ziploc du congélateur : ajoutez 2 tasses d'eau, faites cuire à feu doux 6 à 8 heures ou à feu élevé 2 à 4 heures.

2. Si vous préparez tout de suite, ajoutez le poulet, le jus d'orange et la sauce aux canneberges dans la mijoteuse.

3. Ajouter 2 tasses d'eau et mélanger.

4. Cuire à basse température pendant 6 à 8 heures ou à haute température pendant 2 à 4 heures.

5. Servez et dégustez !

Pain de viande facile à la mijoteuse

Source : Stéphanie Ertel

Ingrédients

-
2 œufs, battus
- ½ tasse de lait
-
⅔ tasse de chapelure
- ½ oignon haché
-
1 cuillère à café de sel
- ¼ cuillère à café de poivre
- ½ cuillère à café de sauge
-
1½ lb de bœuf haché maigre
-
ketchup ou sauce barbecue

Des instructions

1. Étiquetez les sacs de congélation avec les instructions de cuisson et la date.

2. Mélangez et placez dans des sacs de congélation.

3. Placer au congélateur.

4. Le jour de la cuisine, mettez le pain de viande congelé dans une mijoteuse, couvrez de ketchup ou de sauce barbecue (utilisez-en aussi peu ou autant que vous le souhaitez).

5. Cuire à feu doux pendant 8 à 10 heures (notre pain de viande congelé était prêt en 8 heures)

Poulet mijoté avec courge musquée, poires et canneberges

Source : Sooopaleo.com

Ingrédients

- 1 courge musquée (1,5 lb), coupée en cubes
- 1 oignon doux, tranché
- 1 poire bosc, tranchée
- 1 tasse de canneberges crues
- 1,5 lb de poitrines de poulet désossées et sans peau (coupées en moitiés ou en quartiers)
- 1 tasse de bouillon de légumes ou de poulet
- 2 feuilles de laurier
- 1 cuillère à café de sel de mer

-

1 cuillère à café de poivre

-

2 cuillères à café d'ail en poudre

-

2 cuillères à café de cannelle

Des instructions

1. Étalez les cubes de courge au fond de la mijoteuse.

2. Mettez la moitié des oignons, des poires et des canneberges sur le dessus.

3. Ajouter 1 feuille de laurier et quelques épices.

4. Disposez une couche de poulet sur les épices.

5. Ajouter une autre couche d'épices et la deuxième feuille de laurier sur le poulet.

6. Ajouter l'oignon restant, la poire et les canneberges.

7. Versez le bouillon sur le mélange.

8. Cuire à feu doux pendant 6 à 8 heures.

Dîner complet de côtelettes de porc dans une mijoteuse

Source : Stéphanie Ertel

Ingrédients

- 4 côtelettes de porc désossées

- 1 bouteille de sauce barbecue ou d'assaisonnement (j'ai utilisé Country Bobs)

- 8-10 petites pommes de terre dorées

- 1 paquet de choux de Bruxelles frais

- Beurre

- sel

- poivre noir

Des instructions

1. Placez les côtelettes de porc au fond de votre mijoteuse.

2. Versez ½ à ¾ tasse de votre sauce sur les côtelettes de porc (j'ai utilisé presque une bouteille pleine de sauce tout usage Country Bobs).

3. Prenez une feuille de papier d'aluminium et recouvrez-en les côtelettes de porc.

4. Vaporisez le dessus avec de l'huile de cuisson ou de la Pam.

5. Placez une couche de pommes de terre dorées sur le papier d'aluminium et saupoudrez-les de sel de mer.

6. Ajouter une autre couche de papier d'aluminium et couvrir les pommes de terre hermétiquement pour former un joint (cela permettra aux pommes de terre de cuire à la vapeur).

7. Prenez vos choux de bruxelles et ajoutez le beurre, le sel et le poivre et roulez bien serré dans du papier d'aluminium.

8. Placez les choux de Bruxelles en papier d'aluminium sur les pommes de terre en papier d'aluminium, puis placez le couvercle hermétiquement.

9. N'ouvrez pas le couvercle.

10. Cuire pendant 6-7 heures à feu doux.

11. Servez et dégustez !

Poivrons verts farcis à la mijoteuse

Source : Adapté de Momswhothink.com

Ingrédients

-
6 gros poivrons verts

-
1 livre de bœuf haché maigre

- ¼ tasse de flocons d'avoine
- ¼ tasse de riz blanc à grains longs, non cuit
-
1 gros oignon, haché finement

-
1 grosse carotte, râpée

-
1 cuillère à café de sel

- ½ cuillère à café de poivre
-
2 petites boîtes de sauce tomate

-
1 tasse d'eau

- ½ tasse de fromage râpé

Des instructions

1. Coupez le haut et retirez les graines des poivrons verts.

2. Laver et réserver.

3. Mélanger le bœuf haché, les flocons d'avoine, le riz non cuit, l'oignon, la carotte, le sel et le poivre dans un grand bol à mélanger.

4. Farcir chaque poivron environ aux ⅔ (le riz aura besoin d'espace pour gonfler).

5. Placez les poivrons côte à côte dans la mijoteuse.

6. Versez de l'eau dans la mijoteuse (pas sur les poivrons verts).

7. Verser la sauce tomate uniformément sur les poivrons.

8. Cuire à feu doux pendant 6 à 8 heures.

9. Si vous le souhaitez, saupoudrez de fromage sur le dessus, placez le couvercle sur la mijoteuse et attendez cinq minutes que le fromage fonde.

10. Servez et dégustez.

Superbe ragoût de bœuf à la mijoteuse

Source : adapté de Allrecipes.com

Ingrédients

-
2 livres de viande de bœuf à ragoût, coupée en cubes de 1 pouce
- ½ tasse de farine tout usage
-
1 cuillère à café de sel
-
1½ cuillère à café de poivre noir moulu
-
2 gousses d'ail, hachées
-
2 feuilles de laurier
-
2 cuillères à café de paprika
-
2 cuillères à café de sauce Worcestershire
-
1 oignon, haché

- 1½ tasse de bouillon de boeuf

- 3 pommes de terre, coupées en dés

- 4 carottes, tranchées

- 2 branches de céleri, hachées

- 1 paquet de mélange pour sauce brune

- ½ tasse d'eau

Des instructions

1. Faire chauffer l'huile d'olive dans une poêle à feu moyen.

2. Dans un sac ziploc, mélanger la farine, le sel et le poivre.

3. Ajouter la viande et secouer pour bien enrober chaque morceau (vous devrez peut-être le faire par lots).

4. Ajouter les morceaux farinés dans la poêle et faire dorer la viande de tous les côtés.

5. Placer la viande dorée dans la mijoteuse.

6. Ajouter les oignons hachés et l'ail dans la poêle.

7. Cuire 3-4 minutes jusqu'à ce qu'il soit translucide.

8. Ajouter à la mijoteuse.

9. Incorporer l'ail, la feuille de laurier, le paprika, la sauce Worcestershire, l'oignon, le bouillon de bœuf, les pommes de terre, les carottes, le céleri, le sachet de mélange pour sauce brune et l'eau.

10. Couvrir et cuire à basse température pendant 8 à 10 heures ou à haute température pendant 4 à 6 heures.

11. Si vous avez besoin d'épaissir votre ragoût de bœuf, mélangez bien 2 cuillères à soupe de fécule de maïs avec ½ tasse d'eau et remuez dans la mijoteuse.

12. Mettez la mijoteuse à High et continuez la cuisson pendant 30 minutes.

Poulet au citron à la mijoteuse

Source : LifeintheLofthouse.com

Ingrédients

- 3-4 grosses poitrines de poulet désossées et sans peau, coupées en 3
- 1 sachet de mélange de vinaigrette/assaisonnement italien
- ½ tasse de jus de citron frais
- ½ tasse de bouillon de poulet
- sel et poivre

Des instructions

1. Placer le poulet dans la mijoteuse.

2. Saupoudrer uniformément le mélange de vinaigrette/assaisonnement à l'italienne sur le poulet.

3. Assaisonner avec du sel et du poivre si désiré.

4. Versez le jus de citron et le bouillon de poulet sur le dessus.

5. Couvrir avec un couvercle et cuire à feu doux pendant 6 à 8 heures.

6. Servez les morceaux de poulet entiers ou effilochés, avec la sauce/bouillon au citron.

Rôti de mandrin râpé et nouilles

Source : Stéphanie Ertel

Ingrédients

- Rôti de paleron de 3 à 4 lb
- 1 boîte (15 oz) de bouillon de boeuf
- sel et poivre pour assaisonner
- 2 tasses de nouilles aux œufs
- 2 tasses de sauce brune préparée

Des instructions

1. Placer le rôti de paleron dans la mijoteuse et assaisonner le dessus avec du sel et du poivre.

2. Ajouter la boîte de bouillon de bœuf.

3. Placer le couvercle sur la mijoteuse et cuire à feu doux pendant 8 à 10 heures.

4. Préparez les nouilles aux œufs et la sauce brune selon les instructions sur l'emballage.

5. Sortez le rôti de mandrin de la mijoteuse et déchiquetez la viande.

6. Mélanger la viande avec la sauce.

7. Servir le rôti de mandrin râpé sur les nouilles aux œufs.

Poulet aux pommes enrobé de bacon à la mijoteuse

Source : adapté de ChefinTraining.com

Ingrédients

- 4 poitrines de poulet désossées et sans peau
- 1 tasse de sauce barbecue
- ¼ tasse de cassonade
- ⅛ tasse de jus de citron
- 5 petites pommes pelées et coupées en dés (j'ai utilisé des pommes gala)
- 8 tranches de bacon

Des instructions

1. Dans un petit bol, mélanger la sauce BBQ, la cassonade, le jus de citron et les pommes en dés.

2. Enveloppez chaque poitrine de poulet avec deux tranches de bacon et placez-les dans une mijoteuse graissée.

3. Verser le mélange BBQ-pomme sur le poulet et cuire à feu doux pendant 6 à 8 heures ou jusqu'à ce que le poulet soit cuit.

Côtelettes de porc méditerranéennes à la mijoteuse

Source : Allrecipes.com

Ingrédients

- ¼ tasse d'huile d'olive
- 1 tasse de bouillon de poulet
- 2 gousses d'ail, hachées
- 1 cuillère à soupe de paprika
- 1 cuillère à soupe d'ail en poudre
- 1 cuillère à soupe d'assaisonnement pour volaille
- 1 cuillère à café d'origan séché
- 1 cuillère à café de basilic séché
- 4 côtelettes de porc désossées épaisses

- sel et poivre au goût

Des instructions

1. Dans un grand bol, fouetter ensemble l'huile d'olive, le bouillon de poulet, l'ail, le paprika, la poudre d'ail, l'assaisonnement pour volaille, l'origan et le basilic.

2. Verser dans la mijoteuse.

3. Couper de petites fentes dans chaque côtelette de porc avec la pointe d'un couteau et assaisonner légèrement de sel et de poivre si désiré.

4. Placer les côtelettes de porc dans la mijoteuse, couvrir et cuire à feu doux pendant 8 heures.

5. Arroser périodiquement avec la sauce, si désiré.

6. Servir et déguster.

Poulet à la bière BBQ à la mijoteuse

Source : adapté du café SusieQTpies

Ingrédients

- 3 à 4 lb de morceaux de poulet entier ou 3 à 4 poitrines de poulet désossées
- Bouteille de 12 oz de bière ordinaire ou sans alcool
- ¼ tasse d'assaisonnement pour barbecue McCormick ou votre assaisonnement pour barbecue préféré
- 6 gousses d'ail (hachées)

Des instructions

1. Vaporisez une mijoteuse d'enduit végétal antiadhésif.

2. Desserrez soigneusement la peau du poulet si vous utilisez du poulet entier et frottez généreusement l'assaisonnement sous la peau du poulet et sur la peau; si vous utilisez des poitrines de poulet désossées et sans peau, frottez dessus.

3. Placer le poulet dans la mijoteuse et saupoudrer d'ail haché sur le dessus du poulet.

4. Versez ensuite la bière sur le poulet.

5. Couvrir et cuire à feu doux pendant 8 heures.

6. Servir et déguster.

Soupe de hamburger à la mijoteuse

Source : CookingNook.com

Ingrédients

-
- 1½ livre de boeuf haché maigre
-
- 1 oignon moyen haché fin
-
- 1 - 28 onces de tomates en dés
-
- 1 petite boîte de maïs en grains
-
- 2 tasses d'eau
-
- 3 boîtes de soupe au consommé de bœuf, non diluée
-
- 4 carottes, hachées finement
-
- 1 feuille de laurier
-
- 3 branches de céleri, hachées finement

- ½ cuillère à café de thym

- ½ tasse d'orge perlé

-

persil, sel et poivre au goût

Des instructions

1. Faire dorer la viande et égoutter le gras.

2. Ajouter l'oignon et faire revenir environ 3 minutes.

3. Combinez tous les ingrédients dans une mijoteuse et faites cuire à feu doux pendant 8 à 10 heures.

Croustade aux pommes à la mijoteuse

Source : Stéphanie Ertel

Ingrédients

-
- 5 tasses de pommes, tranchées
-
- 1 tasse d'avoine, pas rapide
-
- 1½ tasse de farine (vous pouvez utiliser du blé entier ou ordinaire)
-
- 1 tasse de cassonade tassée
- ½ tasse de sucre cristallisé
-
- 3 c. cannelle
- ¾ tasse de beurre, non salé

Des instructions

1. Vaporisez Crock-Pot avec un spray antiadhésif.
2. Ajouter les pommes.

3. Faire fondre le beurre et mélanger avec tous les ingrédients restants.

4. Verser le mélange sur les pommes.

5. Cuire à feu vif pendant 3 heures ou à feu doux pendant 4 à 6 heures.

6. Servir et déguster.

7. Vous pouvez servir avec de la glace ou de la chantilly – facultatif

Gruau de piment vert

INGRÉDIENTS

- 2 tasses de grains réguliers
- 6 tasses d'eau
- 1/2 cuillère à café de paprika (facultatif)
- 1/2 à 1 cuillère à café de sel
- 4 à 6 onces de piment vert doux haché (nouveau mexicain si vous en avez)
- 1 ou plusieurs piments jalapeno, épépinés et hachés finement
-

tiret cayenne

PRÉPARATION

1. Mélangez tous les ingrédients dans la mijoteuse et faites cuire à feu doux pendant 6 à 9 heures ou à feu vif pendant 2 à 3 heures, en remuant de temps en temps. Si la cuisson est élevée, ajouter 1/4 à 1/2 tasse d'eau en plus si elle est trop épaisse.

2. Semblable à la polenta, vous servez tout de suite ou vous pouvez réfrigérer le mélange dans un moule à pain beurré pendant quelques heures ou toute la nuit, démouler, trancher (1/2 pouce) et faire frire dans le beurre jusqu'à ce qu'il soit doré. Pour environ 8 personnes

Oeufs durs

INGRÉDIENTS

- 6 oeufs

PRÉPARATION

1. Mettez 3 à 6 œufs (tout droit sortis du réfrigérateur) dans la mijoteuse et couvrez d'eau tiède (environ 3 à 4 tasses d'eau dans une casserole de 3 1/2 pintes).

2. Couvrir et cuire à feu doux pendant environ 3 1/2 heures.

3. Cela peut être utile lorsque la cuisinière n'est pas disponible.

Céréales chaudes dans la mijoteuse

INGRÉDIENTS

- 1 cuillère à soupe de beurre

- Céréales : flocons d'avoine, blé concassé, gruau de maïs ou céréales similaires (n'utilisez pas de céréales à cuisson rapide)

- l'eau

- sel

- des pommes hachées, de la cannelle, des noix, des raisins secs ou vos compléments préférés

PRÉPARATION

1. Frotter l'intérieur de l'insert de vaisselle avec du beurre. Suivez les instructions sur l'emballage pour la quantité d'eau et de sel par tasse de céréales pour les céréales. (La plupart des variétés de céréales fonctionnent mieux en utilisant un ratio de 2-1 : 4 tasses d'eau pour 2 tasses de céréales.) Couvrir et cuire à FAIBLE intensité de 8 à 9 heures.

2. Maintenant, c'est là que votre créativité entre en jeu. Je n'ai fait que la farine d'avoine, mais vous pouvez ajouter des pommes hachées, de la cannelle, des noix, des raisins secs, etc. J'avais d'autres recettes spécifiques mais je ne les trouve pas pour le moment.

3. Quoi qu'il en soit, vous pouvez à peu près le faire selon les goûts de votre famille.

4. La note de Susan ... la combinaison de flocons d'avoine, de pomme et de cannelle fonctionne bien pour notre famille. Quelques autres combos possibles : crème de blé et cacao, crème de blé et pépites de beurre de cacahuète, blés de cacao et pépites de chocolat, bouillie de semoule de maïs avec fromage cheddar et morceaux de bacon (vrai pas faux !) ajouter le matin après la cuisson, gruau avec ail et fromage, etc. etc. etc. Je pense qu'une fois que vous maîtrisez les bases, vous pourriez probablement trouver un tas d'idées.

Macaronis et Fromage

INGRÉDIENTS

- 3 tasses de macaronis aux coudes cuits
- 1 cuillère à soupe de beurre fondu
- 2 tasses de lait évaporé
- 3 tasses de fromage fondu râpé ou de fromage américain
- 1/4 tasse de poivron vert finement haché
- 1/4 tasse d'oignon finement haché
- 1 cuillère à café de sel
- 1/4 cuillère à café de poivre

PRÉPARATION

1. Mélanger les macaronis avec du beurre ou de la margarine. Ajouter les ingrédients restants.
2. Verser dans une mijoteuse légèrement graissée.
3. Couvrir et cuire à High 2 à 3 heures, en remuant une ou deux fois.
4. Pour 4 personnes

Macaroni et fromage en mijoteuse

INGRÉDIENTS

- 1 (16 oz.) paquet. macaroni
- 1 cuillère à soupe d'huile végétale
- 1 (13 oz) de lait évaporé
- 1 1/2 tasse de lait
- 1 cuillère à café de sel
- 4 tasses de fromage cheddar fort râpé
- 1/2 tasse de beurre fondu

PRÉPARATION

1. Cuire les macaronis dans de l'eau bouillante salée en suivant les instructions sur l'emballage. Bien égoutter.

2. Graisser le fond et les côtés d'une mijoteuse de 3 1/2 à 5 pintes.

3. Mélanger les macaronis chauds dans la mijoteuse avec l'huile végétale, puis ajouter tous les ingrédients restants.

4. Remuer doucement pour combiner puis couvrir et cuire à LOW pendant 3 à 4 heures, en remuant de temps en temps.

5.
   6 à 8 portions.

Macaroni au fromage mexicain

INGRÉDIENTS

- 5 à 6 tasses de macaronis cuits chauds, égouttés (environ 12 oz secs)
- 2 cuillères à soupe de beurre
- 1 boîte (12 oz) de lait évaporé
- 1 boîte de soupe au fromage Nacho
- 2 tasses de mélange de fromages mexicains râpés, avec ou sans poivrons
- 1 boîte (4 oz) de piment vert doux haché
- 1 boîte (4 oz) d'olives noires tranchées, facultatif
- 3/4 tasse de salsa moyenne épaisse
- sel et poivre au goût

PRÉPARATION

1. Graisser légèrement la mijoteuse. Mélanger les macaronis chauds avec du beurre; Ajouter le reste des ingrédients et bien mélanger. Couvrir et cuire à feu doux pendant 3 à 4 heures.
2. Pour 6 personnes.

Trempette mexicaine au fromage

INGRÉDIENTS

- 16 onces de fromage Velveeta, coupé en cubes

- 1 cuillère à café d'assaisonnement pour tacos

- 1 boîte (10 onces) de tomates Ro-Tel avec piments

PRÉPARATION

1. Cubez le fromage et placez-le dans la mijoteuse. Couvrir et chauffer à FAIBLE intensité pendant environ 1 heure, jusqu'à ce qu'il fonde, en remuant de temps en temps.

2. Incorporer les tomates et l'assaisonnement. Couvrir et continuer à chauffer 30 à 45 minutes.

3. Servir chaud dans la mijoteuse avec des croustilles tortillas ou des croustilles de maïs.

Recette de cidre chaud

INGRÉDIENTS

- 2 pintes. Cidre

- 1/4 tasse de cassonade tassée

- 1/8 c. gingembre moulu

- 1 orange (non pelée)

- 2 bâtons de cannelle

-
1 c. clous de girofle

-
Brandy

PRÉPARATION

1. Mélanger le cidre, le sucre, le gingembre et l'orange dans la mijoteuse. Attachez la cannelle et les clous de girofle dans un petit sac en étamine; ajouter à la mijoteuse. Couvrir et cuire à FAIBLE intensité de 2 à 4 heures. Toute la maison sentira bon ! Retirer le sachet d'épices. Dans une tasse, mettez un verre de cognac, puis remplissez-le du mélange chaud de la cuisinière.

2. Donne 10 à 12 portions

Vin chaud

INGRÉDIENTS

- 2 bouteilles de vin rouge sec, comme un Cabernet Sauvignon
- 1 tasse de sirop de maïs léger
- 1 tasse d'eau
- 1 étamine carrée (8 pouces) à double épaisseur
- peler 1 orange
- 1 bâton de cannelle, cassé en 2 ou 3 morceaux
- 8 clous de girofle entiers
- 1 noix de muscade entière
- tranches d'orange, facultatif
- des bâtons de cannelle pour remuer, facultatif

PRÉPARATION

1. Mélanger le vin rouge, le sirop de maïs et l'eau dans la mijoteuse. Rincer l'étamine et essorer l'eau. Enveloppez le zeste d'orange, les moitiés de bâton de cannelle, les clous de girofle et la muscade dans une étamine. Attachez solidement avec une ficelle de coton ou une longue bande étroite d'étamine; ajouter à la mijoteuse.

2. Couvrir et cuire à intensité ÉLEVÉE pendant 2 à 2 1/2 heures. Jetez le sac d'épices et versez-le dans des tasses ou des verres résistants à la chaleur. Garnir chaque verre d'une fine tranche d'orange et d'un bâton de cannelle, si désiré.

Riz sauvage à l'orange

INGRÉDIENTS

- 1 1/2 c. riz transformé non cuit

- 1/2 c. riz sauvage non cuit

- 1 enveloppe de mélange de soupe à l'oignon sec

- 1 cuillère à soupe. persil ciselé (facultatif)

- 4 tasses d'eau

- 1 botte d'oignons verts, hachés

- 8 onces. champignons frais ou en conserve, tranchés et égouttés

-

1/4 c. beurre fondu

PRÉPARATION

1. Mélanger tous les ingrédients dans une mijoteuse légèrement graissée.

2. Couvrir et cuire à puissance élevée 2 1/2 heures, en remuant de temps en temps.

3. Le riz deviendra pâteux s'il est trop cuit, alors surveillez attentivement.

Riz de Paige pour Crockette

INGRÉDIENTS

- 1 tasse de riz brun
- 1/8 tasse de riz sauvage, étuvé et bien rincé
- 2 tasses de bouillon de poulet ou de légumes
- 1 bouchon (du shaker) de mélange d'ail, d'ail et d'herbes Mrs. Dash Gallant

PRÉPARATION

1. Bien mélanger le tout, cuire à LOW 2 1/2 heures (ma mijoteuse n'a qu'un seul réglage). Ne remuez pas du tout pendant la cuisson, sinon vous obtiendrez une pâte collante. Si laissé seul, vous aurez le riz le plus savoureux et le plus moelleux de tous les temps ! C'est ma propre recette, et j'ai aussi ajouté des légumes frais comme des carottes, des champignons et autres avec d'excellents résultats.

Polenta

INGRÉDIENTS

- 3 cuillères à soupe de beurre fondu, divisé
- 1/4 cuillère à café de paprika
- 6 tasses d'eau bouillante
- 2 tasses de semoule de maïs ou de polenta
-
2 cuillères à café de sel

PRÉPARATION

1. Graissez les parois de la mijoteuse avec 1 cuillère à soupe de beurre. Mesurer les ingrédients restants ; ajouter à la mijoteuse avec le reste du beurre. Bien mélanger; couvrir et cuire à feu doux pendant 6 à 9 heures (3 à 4 heures à feu vif), en remuant de temps en temps.

2. Transférer le mélange de polenta dans un moule à pain graissé. Bien refroidir puis couper en tranches de 1/4 de pouce et faire frire dans du beurre jusqu'à ce qu'elles soient dorées.

3. Pour 8 à 10 personnes.

Riz au safran

INGRÉDIENTS

-
- 1/4 tasse de beurre, fondu
- 2 tasses de riz blanc converti, non cuit (riz converti de Uncle Ben's)
- 4 1/2 tasses d'eau
- 3/4 cuillère à café de filaments de safran
- 2 cuillères à café de sel

PRÉPARATION

1. Frotter un peu de beurre fondu sur le fond et les côtés du panier à vaisselle.
2. Combiner le reste du beurre et des ingrédients dans la mijoteuse; bien mélanger.
3. Couvrir et cuire à intensité ÉLEVÉE pendant 1 1/2 à 2 1/2 heures, ou jusqu'à ce que le riz soit tendre.
4. Aérer et servir.
5. Pour 6 personnes.

vinaigrette à la mijoteuse

INGRÉDIENTS

- 8 onces de champignons frais tranchés

- 1 tasse de céleri en tranches

- 1 tasse d'oignon haché

- 6 cuillères à soupe de beurre

- 1/2 cuillère à café de poivre noir moulu

- 1 cuillère à soupe de basilic séché, émietté

- 12 tasses de cubes de pain grillé

- 1 1/2 tasse de bouillon de poulet

- 1/2 tasse de pacanes hachées grillées•

PRÉPARATION

1. Faire fondre le beurre à feu moyen-doux dans une poêle à fond épais. Ajouter les champignons, le céleri et l'oignon; faire sauter pendant 5 minutes, jusqu'à ce que les légumes soient juste tendres. Retirer du feu; incorporer le poivre et le basilic. Dans un grand bol à mélanger, mélanger le mélange de légumes avec les cubes de pain. Arrosez de bouillon de volaille et mélangez délicatement. Verser le mélange dans la mijoteuse. Couvrir et cuire au réglage LOW pendant 3 1/2 à 4 heures. Incorporer les pacanes grillées juste avant de servir.

2.

3. Pour 10 à 12 personnes.

•Pour faire griller les noix, étalez-les en une seule couche sur une plaque à pâtisserie. Faire griller au four à 350°, en remuant de temps en temps, pendant 10 à 15 minutes. Ou, faire griller dans une poêle non graissée à feu moyen, en remuant, jusqu'à ce qu'ils soient dorés et aromatiques.

Crème sure pour le pot

INGRÉDIENTS

- 2 cuillères à soupe de lait
- 1 cuillère à soupe de jus de citron
- 1 tasse de fromage cottage en crème

PRÉPARATION

1. Mélanger les ingrédients dans un mélangeur ; couvrir et mélanger jusqu'à consistance lisse et crémeuse. Utiliser dans les trempettes ou dans d'autres recettes à la place de la crème sure ordinaire. Donne 1 tasse.

Punch aux abricots épicés

INGRÉDIENTS

- 1 boîte de nectar d'abricot, 46 onces

- 3 tasses de jus d'orange

- 1/2 tasse de cassonade, tassée

- 2 cuillères à soupe de jus de citron frais

- 3 bâtons de cannelle

- 2 clous de girofle entiers

PRÉPARATION

1. Dans une mijoteuse, mélanger le nectar d'abricot, le jus d'orange, la cassonade et le jus de citron. Attachez la cannelle et les clous de girofle dans un petit sac en étamine; ajouter aux jus dans la mijoteuse. Couvrir et cuire à LOW pendant 3 à 5 heures. Servir chaud à la mijoteuse.

2. Pour 8 personnes.

Strata aux épinards, au fromage et au bacon

INGRÉDIENTS

- 4 tasses de pain français tranché et légèrement beurré, coupé en cubes

- 1 sac d'épinards surgelés (16 oz), décongelés et essorés le plus possible

- 8 onces de jambon cuit coupé en dés

- 1 1/2 à 2 tasses de fromage cheddar râpé

- sel et poivre au goût

- 1 boîte (10 3/4 onces) de crème de soupe aux champignons (la 98 % sans matières grasses convient)

- 1/2 tasse de lait évaporé ou moitié-moitié

- 5 gros œufs

- 2 à 3 cuillères à café d'oignon émincé séché

PRÉPARATION

1. Beurrer légèrement une mijoteuse ou une mijoteuse de 3 1/2 pintes.

2. Couche avec la moitié des cubes de pain beurré, les épinards, le bacon et le fromage; sel et poivre au goût. Répétez les couches en terminant par une couche de fromage.

3. Fouetter ensemble la soupe, le lait, les œufs et l'oignon émincé séché. Verser sur le mélange en couches dans la vaisselle. Réfrigérer pendant 1 heure ou toute la nuit.

4. Couvrir et cuire à feu doux pendant 3 1/2 à 4 1/2 heures.

5. Servir avec des fruits frais, des baies ou une compote de fruits chaude.

Recette de céréales Crockpot de Susan

INGRÉDIENTS

- 1 cuillère à soupe de beurre

- Céréales : flocons d'avoine, blé concassé, gruau de maïs ou céréales similaires (n'utilisez pas de céréales à cuisson rapide)

- l'eau

- sel

- des pommes hachées, de la cannelle, des noix, des raisins secs ou vos compléments préférés

PRÉPARATION

1. Frotter l'intérieur de l'insert de vaisselle avec du beurre. Suivez les instructions sur l'emballage pour la quantité d'eau et de sel par tasse de céréales pour les céréales. (La plupart des variétés de céréales fonctionnent mieux en utilisant un ratio de 2-1 : 4 tasses d'eau pour 2 tasses de céréales.) Couvrir et cuire à FAIBLE intensité de 8 à 9 heures.

2. Maintenant, c'est là que votre créativité entre en jeu. Je n'ai fait que la farine d'avoine, mais vous pouvez ajouter des pommes hachées, de la cannelle, des noix, des raisins secs, etc. J'avais d'autres recettes spécifiques mais je ne les trouve pas pour le moment.

Sauce Tomate - Mijoteuse

INGRÉDIENTS

- 1/4 c. huile d'olive extra vierge
- 1 grosse carotte, râpée
- 1 tasse d'oignon haché
- 3 gousses d'ail, hachées
- 2 boîtes (28 oz) de tomates concassées
- 2 boîtes (28 oz) de purée de tomates
- 3 boîtes (6 onces chacune) de pâte de tomate
- 2 feuilles de laurier
- 2 cuillères à café de basilic doux séché
- 1 cuillère à café d'origan en feuilles séchées
- 2 cuillères à café de sel assaisonné
-

1 tasse d'eau

PRÉPARATION

1. Chauffer l'huile dans une poêle ou une sauteuse à feu moyen; ajouter l'oignon et la carotte et l'ail. Faire revenir jusqu'à ce que l'oignon soit translucide. Ajouter les tomates, la purée, la pâte de tomate et les assaisonnements (basilic et sel assaisonné), ainsi que 1 tasse d'eau; remuer pour mélanger les ingrédients.

2. Transférer dans la mijoteuse et cuire à feu doux pendant 7 à 9 heures. Environ une heure avant de servir, vérifier et diluer avec plus d'eau si nécessaire.

Suprême d'Oeufs Végétal

INGRÉDIENTS

- 8 œufs

- 3/4 tasse de lait

- 8 onces de fromage cheddar râpé

- 2 tasses de brocoli cuit haché

- 1 tasse de champignons tranchés

- sel et poivre au goût

PRÉPARATION

1. Battre les œufs; ajouter le lait et battre ensemble. Verser le mélange dans une mijoteuse graissée ou une mijoteuse. Ajouter le fromage, le brocoli, les champignons, le sel et le poivre. Cuire à intensité ÉLEVÉE de 1 1/2 à 2 1/2 heures.

Casserole de riz sauvage

INGRÉDIENTS

- 1 1/2 tasse de riz à grains longs non cuit
- 1/2 tasse de riz sauvage non cuit
- 1 enveloppe de mélange de soupe à l'oignon sec
- 1 cuillère à café de flocons de persil séché ou 1 cuillère à soupe de persil frais haché
- 4 tasses d'eau
- 1 botte d'oignons verts, hachés, environ 8 oignons verts
- 8 onces. champignons frais ou en conserve tranchés
- 1/4 tasse de beurre, fondu

PRÉPARATION

1. Combinez tous les ingrédients. Verser dans une mijoteuse légèrement graissée. Couvrir et cuire à intensité ÉLEVÉE pendant 2 1/2 heures, en remuant de temps en temps.

Soupe au poulet du sud-ouest

Ingrédients:

- 1 litre de bouillon de poulet (plus si vous le voulez plus fin au lieu d'épais)

- 1-2 poitrines de poulet désossées, crues

- 1 boîte de haricots noirs, égouttés et rincés (ou vous pouvez en fabriquer vous-même)

- 1 boîte de maïs sucré (ou équivalent congelé), égoutté

- 1 boîte de tomates en dés (sans sel ajouté)

- 1 botte de coriandre fraîche, environ une tasse hachée grossièrement

- 4 oignons verts, hachés

- 1 piment de votre choix (jalapeno, habanero, scotch bonnet), épépiné et haché

- Épices:

- Poudre d'ail

- Cumin

- Poudre de chili

- Paprika fumé (facultatif)

- Sel et poivre

Méthode:

1. Allumez votre mijoteuse à feu vif si vous voulez qu'elle soit cuite en 3-4 heures, à feu doux si vous voulez la laisser cuire toute la journée.

2. Ajouter tous les ingrédients ci-dessus sauf les poitrines de poulet. Ajoutez vos épices. Je suggérerais de commencer avec une cuillère à café d'épices et d'ajuster la quantité de chacune en fonction de vos préférences gustatives.

3. Mélangez tous les ingrédients ensemble et placez vos poitrines de poulet sur le dessus. Cuire jusqu'à ce que votre poulet soit bien cuit et tendre.

4. Une fois votre poulet bien cuit, retirez-le et effilochez-le.

5. Remettez ensuite le poulet dans la mijoteuse. Faites votre dernière dégustation et épice et profitez-en.

Chili maison de Mark

Ingrédients:

• 1 lb de boeuf haché, cuit, égoutté

• 1 gros oignon

• 3 boîtes de haricots rouges foncés, égouttés

• 2 boîtes de tomates en dés (nous obtenons toutes les tomates assaisonnées qu'ils ont chez Kroger à l'époque)

• 1 grande boîte de sauce tomate

• Sauce Worcestershire – 5 shakes ou plus. On secoue tout ce qui fait du bien sur le moment. Nous aimons beaucoup cela.

• Sel et poivre au goût

• 3 t de piment en poudre

Faire:

1. Jetez le tout dans la mijoteuse et faites cuire à feu doux pendant 6 à 8 heures. Nous pourrions assaisonner davantage au fur et à mesure selon que nous sommes là ou non.

Tortilla Soup Poulet

De quoi as-tu besoin:

- 1 livre de poitrines de poulet désossées
- 1 boîte de tomates en dés
- ½ tasse de salsa épaisse
- 1 tasse de sauce enchilada maison
- 1 oignon moyen, haché
- 1 boîte de haricots noirs, égouttés (facultatif)
- 2 gousses d'ail, hachées
- 4 C de bouillon de poulet
- 2 t de cumin
- 1 t de piment en poudre
- 1 cuillère à soupe de jus de citron
- 1 feuille de laurier

Que faire:

1. Réglez la mijoteuse sur feu vif

2. Ajouter le poulet cru haché dans la mijoteuse ainsi que l'oignon haché et le bouillon, remuer (vous pouvez ajouter des poitrines entières et déchiqueter une fois complètement cuit)

3. Ajouter les ingrédients restants et mettre la mijoteuse à feu doux

4. Laisser cuire environ 3-4 heures selon votre mijoteuse

5. Garnir la soupe de crème sure, de coriandre et de tranches d'avocat

6. Servir avec des croustilles tortillas et déguster !

Chili à la Cincinatti

Ingrédients

- ☐ 2 livres de viande hachée
- ☐ 1 gros oignon, émincé
- ☐ 1 cuillère à café d'ail en poudre
- ☐ 1 tasse (8 onces) de sauce tomate
- ☐ 2 tasses d'eau
- ☐ 1 cuillère à café de sauce Worcestershire
- ☐ 1 cuillère à soupe de vinaigre
- ☐ 1 cuillère à café de sel
- ☐ ½ cuillère à café de poivre noir
- ☐ 4+ cuillères à café de poudre de chili (nous avons utilisé 4 cuillères à soupe, mais certains prétendent que c'est trop)
- ☐ 1 cuillère à café de cannelle
- ☐ ½ cuillère à café de piment
- ☐ 1 ½ tasse de haricots rouges cuits
- ☐ Fromage
- ☐ Nouilles

Méthode

1. Dans une poêle, dorer la viande hachée.

2. Verser dans un pot de 5 pintes.

3. Incorporer l'oignon, la poudre d'ail, la sauce tomate, l'eau, le Worcestershire, le vinaigre, le sel, le poivre, la poudre de chili, la cannelle et le piment de la Jamaïque.

4. Couvrir et cuire à feu doux pendant 8 heures.

5. 1 heure avant la fin, ajouter les haricots rouges.

6. Faire bouillir les pâtes désirées.

7. Étalez les nouilles dans un bol, ajoutez le piment et garnissez de fromage.

Soupe de patates douces et de carottes au cari

Ingrédients

- 2 grosses patates douces, pelées et coupées en morceaux
- 2 tasses de mini-carottes (presque 1 livre)
- 1 petit oignon, haché
- ¾ cuillère à café de curry en poudre
- ½ cuillère à café de sel
- ½ cuillère à café de poivre noir
- ½ cuillère à café de cannelle moulue
- ¼ cuillère à café de gingembre moulu
- 4 tasses de bouillon de poulet
- 1 cuillère à soupe de sirop d'érable
- ¾ tasse de crème

Des instructions

1. Placer les pommes de terre, les carottes, l'oignon, la poudre de curry, le sel, le poivre, la cannelle et le gingembre dans une mijoteuse graissée.

2. Ajouter le bouillon de poulet et remuer.

3. Couvrir et cuire à feu doux pendant 7 à 8 heures.

4. Réduire la soupe en purée dans un mélangeur quelques tasses à la fois ou utiliser un mélangeur à immersion. Incorporer le sirop d'érable et la crème.

5. Servir.

Ragoût de saucisses de dinde et de haricots rouges

Ingrédients

- 1 livre de saucisse de dinde (dorée)
- 2 tasses de haricots rouges cuits ou 1 boîte (15 onces) de petits haricots rouges
- 1/2 tasse de riz brun (non cuit)
- 1 tasse d'eau
- 1 1/2 tasse de maïs (congelé ou en conserve)
- 2 tasses de jus de tomate
- 1/2 tasse de poivron vert doux haché (plus si vous aimez)
- sel et poivre au goût

Des instructions

1. Combiner tous les ingrédients dans une mijoteuse. Cuire à feu doux pendant 6 heures. Ce ragoût est excellent servi avec du pain de maïs chaud et un verre de lait. Il est également sans gluten - un bonus pour ceux d'entre vous qui ont besoin de GF ! Donne 6 à 8 portions.

Soupe de nouilles au poulet

Ingrédients

- 5 tasses de bouillon de poulet (ou bouillon)
- 5-6 tasses d'eau
- 2 tasses de carottes, tranchées finement
- 1 tasse de céleri, tranché mince
- 1 petit oignon, haché finement
- 2 gousses d'ail, hachées
- 2 cc de flocons de persil
- 1/2 cc de basilic séché
- 1 cuillère à café de poivre
- 2 à 3 lb de poitrine de poulet désossée et sans peau
- 1 tasse de nouilles aux œufs sèches

les directions

1. Mélanger tous les ingrédients sauf les nouilles dans la mijoteuse. Gardez la poitrine de poulet entière (ou utilisez du poulet précuit, coupé ou effiloché) et coupez-la ou effilochez-la avant d'ajouter les nouilles pendant les 30 dernières minutes de cuisson. Cuire à feu vif pendant 4 heures, puis baisser à feu doux jusqu'au moment de servir.

Soupe aux Légumes et aux Lentilles

Ingrédients

☐ 2 tasses de lentilles séchées, rincées et examinées

☐ 2 boîtes de tomates en dés (14,5 onces chacune)

☐ 1 tasse d'oignon haché

☐ 2 branches de céleri, hachées

☐ 1 tasse de carotte hachée

☐ 1 boîte de piments (taille de 4 onces)

☐ 5 tasses de bouillon de poulet (ou remplacer par du bouillon de légumes)

☐ 1 cuillère à café de sel

☐ 1 cuillère à café d'origan

☐ 1 cuillère à café de thym

☐ ½ cuillère à café d'ail en poudre

☐ ¼ cuillère à café de poivre

les directions

1. Combinez tous les ingrédients dans une mijoteuse de 4 à 5 pintes.

2. Couvrir et cuire à feu doux pendant 8 à 9 heures ou jusqu'à ce que les lentilles soient tendres.

Chili au poulet mexicain

☐ 1 poulet rôti effiloché ou 3 tasses de poitrines de poulet effilochées

☐ 2 tasses de haricots noirs

☐ 2 tasses de haricots pinto

☐ 1 tasse de maïs surgelé

☐ 3-4 courgettes hachées (j'adore les courgettes donc j'en mets une tonne)

☐ 5 tasses de bouillon de poulet

☐ 2 tasses de salsa épaisse (douce ou piquante selon le goût)

☐ 1 boîte de 8 oz de sauce tomate

les directions

1. Combinez dans la mijoteuse et faites cuire pendant 7 à 8 heures à feu doux.

Soupe Mexicaine

Viande:

☐ 1 lb de bœuf haché, de saucisse ou de porc (doré)

☐ ou 2 tasses de poulet effiloché, cuit

Les légumes incontournables :

☐ 1 oignon tranché (demi-lune et gros dés)

☐ 3 gousses d'ail hachées (ou écrasées si vous voulez les retirer plus tard)

☐

Légumes facultatifs

☐ 1 grosse courgette, en gros dés ou (2 tasses râpées si vous avez conservé)

☐ 3 branches de céleri, hachées

☐ 1 botte d'asperges (hachées)

Le reste:

☐ 2 patates douces, pelées et coupées en dés

☐ 1 boîte de tomates en dés (dans le jus)

☐ 1 litre de bouillon de poulet

☐ 1 boîte de 6 oz de pâte de tomate + 4 tasses d'eau

☐ 2 cuillères à soupe de sirop d'érable

☐ Cumin (environ 1T)

- Chili en Poudre (environ 1/2T)
- 1/2 cc de basilic
- 1/2 T d'origan
- 1 cuillère à soupe de sel
- 1/2 cc de poivre

Méthode:

1. Couchez tous les ingrédients jusqu'au (et y compris) le bouillon de poulet.

2. Combiner les ingrédients restants dans un bol à mélanger.

3. Bien mélanger et verser sur les ingrédients de la mijoteuse.

4. Remuez doucement et scellez-les !

5. Cuire à feu doux pendant 4 à 6 heures.

Poulet marocain Stew

Modifié du blog Gourmet de Victoria Taylor

- ½ livre de carottes miniatures
- 1 tasse de piments verts hachés
- 1 tasse d'oignon haché
- 2 cuillères à soupe de jus de citron
- 1 cuillère à café de gingembre
- 1 courge musquée moyenne, coupée en cubes de 2 pouces
- 1 boîte (15 onces) de pois chiches, égouttés
- 2 boîtes de 14,5 onces de tomates en dés
- 1 ½ livre de cuisses de poulet ou de poitrine de poulet désossées et sans peau
- 3 cuillères à soupe d'assaisonnement marocain (version maison ici)

Méthode:

1. Dans une mijoteuse de 5 à 6 pintes, mélanger les carottes, les poivrons, l'oignon, le jus de citron, le gingembre, la courge, les pois chiches et les tomates.

2. Saupoudrer de 2 cuillères à soupe d'assaisonnement marocain. Mélanger les légumes pour enrober.

3. Déposer les cuisses de poulet sur les légumes. Saupoudrer du reste d'assaisonnement.

4. Couvrir et cuire à feu doux pendant 8 heures. Sel et poivre au goût.

5. Retirer le poulet et le déchiqueter. Remuez dans le ragoût. Ou servez les cuisses entières sur les légumes dans un bol à soupe.

soupe au bœuf et aux légumes

☐ 1 livre de boeuf haché (de la venaison ou de la dinde fonctionnerait également)

☐ 1 ½ tasse de haricots cuits de votre choix (j'aime les rognons) ou 1 boîte de haricots, rincés et égouttés

☐ 28 onces de tomates en dés, non égouttées

☐ 12 onces de légumes mélangés surgelés

☐ 3 tasses de bouillon de bœuf

☐ 1 cuillère à café de sel

☐ 1 cuillère à café d'oignon séché

☐ 1 cuillère à café d'origan

☐ ½ cuillère à café de thym

☐ ½ cuillère à café de poivre

Méthode:

1. Faire revenir la viande hachée dans une poêle. Drain.

2. Ajouter à une mijoteuse de 4 pintes avec les ingrédients restants.

3. Couvrir et cuire à feu doux pendant 8 heures.

Rendement : 4-6 portions

SOUPE DE COURGE ET SAUCISSE

Vérifiez votre saucisse pour des ingrédients « illégaux » comme le sucre et le gluten. J'aime la marque Applegate Farm.

Vous pouvez également faire cette recette sur une cuisinière si vous êtes pressé. Mais j'aime le style long et paresseux d'une mijoteuse.

La source: Erin chez Plan to Eat

Cours: Soupe et ragoût sans allergènes

Pour : 6

Ingrédients

- 2 cuillères à soupe de beurre
- 1 poireau tranché finement
- 2 gousses d'ail hachées
- 1 petite courge musquée pelée et coupée en dés
- 1 1/2 tasse de champignons hachés
- 1 cuillère à soupe de sauge fraîche hachée
- 1 cuillère à café de romarin frais haché
- 1 livre de saucisse italienne tranchée et coupée en quartiers
- sel au goût
- 1/4 cuillère à café de poivre blanc

- 4 tasses de bouillon de poulet maison si possible

- 2 tasses de légumes-feuilles chou frisé, bette à carde, chou vert, etc.

les directions

1. Allumez une mijoteuse à feu vif et faites fondre le beurre dans la mijoteuse pendant qu'il se réchauffe. Ajouter les poireaux et l'ail; remettre le couvercle et laisser ramollir – environ 20 à 30 minutes. Ajouter les légumes restants, les herbes et la saucisse. Replacez le couvercle et laissez ramollir – environ 30 à 45 minutes. Assaisonnez avec du sel et du poivre. Ajouter le bouillon de poulet et laisser cuire à feu vif pendant 6 à 8 heures.

2. 30 minutes avant de servir, réglez le feu sur le réglage bas et ajoutez les légumes verts. Replacez le couvercle et laissez mijoter la soupe jusqu'à ce que les légumes aient fondu dans la soupe.

Soupe française aux lentilles et au riz brun

Ingrédients

- 6 tasses de bouillon de légumes bio (faites le vôtre et économisez de l'argent)
- 2 tasses d'eau filtrée
- 1 ½ tasse de lentilles françaises biologiques, rincées
- 2 carottes biologiques moyennes, pelées et coupées en dés
- 1 oignon bio, finement haché
- 2 branches de céleri bio coupées en dés
- 5 cuillères à soupe de riz brun biologique non cuit
- 1 bande d'algue Kombu (ajoute des minéraux essentiels, des vitamines et des oligo-éléments à votre soupe)
- 2 gousses d'ail bio, hachées
- 1 cuillère à café d'herbes de Provence ou 1 cuillère à café de thym
- ½ cuillère à café de sel de mer

Méthode:

1. Mélangez le bouillon, les lentilles, les carottes, l'oignon, le céleri, le riz, le kombu, l'ail, les herbes et le sel dans la mijoteuse. Couvrir

et cuire à Low pendant 8 heures ou High pendant 5 heures. Versez le kombu et servez.

Soupe à la tomate

INGRÉDIENTS

- 2 lb de tomates (hachées et pelées) ou un pot de 28 oz de tomates en dés (non assaisonnées, avec jus)
- 2 tasses d'oignon jaune haché
- 1/4 cuillère à café de sel
- 1/8 cuillère à café de poivre

o cuillère à soupe d'ail haché - 2 gousses

- 1/8 cc de flocons de piment rouge (pour un petit coup de piquant)
- 1/4 cc de paprika fumé
- 1/2 cuillère à café de basilic séché
- 1 cuillère à soupe de miel (j'aime le cru)
- 1 tasse de bouillon de poulet (fait maison ou de bonne qualité à faible teneur en sodium acheté en magasin)

Ô feuilles de laurier

- pour la garniture : feuilles de basilic frais et yogourt grec, facultatif

Méthode:

1. Hacher grossièrement l'oignon et le faire revenir dans une grande poêle avec un peu d'huile d'olive à feu moyen. Saupoudrer

de sel et de poivre, remuer et laisser cuire quelques minutes. Pendant ce temps, émincer l'ail.

2. Laisser cuire quelques minutes, jusqu'à ce qu'ils soient ramollis et parfumés

3. Ajoutez ensuite les tomates (avec leur jus) dans la poêle

4. Ajouter le paprika fumé et les flocons de piment rouge - 1/8 cuillère à café de flocons de piment rouge

5. Ajouter les herbes et épices restantes… Et le miel

6. Ajouter à la mijoteuse

7. Ajouter le bouillon de poulet et les feuilles de laurier

8. Réglez à basse température pendant environ 4 heures

9. Lorsque c'est fait, remuez et goûtez les saveurs - selon vos préférences personnelles, vous pouvez ajouter du sel, etc.

10. Retirer les feuilles de laurier

11. Soit utiliser un mélangeur à immersion ou verser la soupe dans un mélangeur et mélanger jusqu'à consistance lisse

12. Le niveau de gros morceaux dépend de vous - certaines personnes aiment leurs soupes totalement lisses,

13. d'autres aiment la texture… J'ai laissé des morceaux de tomates là-dedans parce que j'aime la texture

14. Voila… nous avons de la soupe !

15. Garnir de yaourt grec, de basilic frais et, si vous en avez, de petites tomates cerises…

16. Servir avec du fromage grillé, des craquelins ou manger tel quel!

17. Amusez-vous !!

Piment Texas Calico

Ingrédients

☐ 1 ½ livre de bœuf à ragoût

☐ ½ tasse d'oignon, haché

☐ 2 boîtes (14,5 onces) de tomates en dés

☐ 6 onces de pâte de tomate mélangée à de l'eau pour faire 1 tasse

☐ 1 boîte (4,5 onces) de piments verts hachés

☐ 1 ½ tasse de haricots noirs cuits

☐ 1 ½ tasse de haricots blancs cuits (marine ou Great Northern)

☐ ½ cuillère à café de poudre d'oignon

☐ ½ cuillère à café d'ail en poudre

☐ 2 cuillères à café de piment en poudre

☐ 2 cuillères à café de cumin

Méthode:

1. Combinez tous les ingrédients dans une mijoteuse de 4 à 5 pintes. Bien mélanger.

2. Couvrir et cuire à feu doux pendant 8 à 10 heures. Servir avec du pain de maïs.

Chili maison

Ingrédients

- livrez de la viande hachée (nous préférons la venaison)
- oignon
- poivre vert
- 1/2 cuillère à soupe de graines de moutarde moulues
- cuillère à soupe de piment en poudre
- 1 cuillère à soupe de sauce piquante
- 1 boîte de haricots rouges (ou deux tasses de haricots rouges secs/cuits)
- 1 boîte de haricots noirs (ou deux tasses de haricots noirs secs/cuits)
- 1 boîte (8 oz) de sauce tomate
- 1 boîte (28 oz) de tomates en dés
- Sel et poivre au goût (je fais 1 cc de chaque)

Méthode:

1. Faites dorer la viande, égouttez-la, remettez-la dans la poêle et mélangez-y les poivrons verts et les oignons coupés en dés. Une fois terminé, ajouter à la mijoteuse avec toutes les épices, les haricots (de préférence non égouttés), la sauce tomate, les

tomates en dés, le sel et le poivre. Cuire dans une mijoteuse à feu doux pendant 6 à 8 heures. Servir avec du pain de maïs ou des pommes de terre. Miam!

le Chili

Ingrédients

- 2 tasses de haricots secs OU 4 tasses de haricots cuits/en conserve

- 1 livre de chevreuil, d'antilope ou de bœuf haché

- 2 cuillères à soupe d'huile de noix de coco ou de graisse de bacon

- 1 oignon moyen, haché finement

- 6 gousses d'ail, hachées

- 2 1/2 tasses de tomates broyées ou en dés avec jus (environ 2 boîtes)

- 3 tasses de bouillon ou de bouillon

- 1/4 tasse de poudre de chili

- 2 T. d'origan séché

- 2 cuillères à soupe de cumin

- 2 t. sel de mer

- 1/2 t. poivre noir

- Garniture : crème sure et fromage râpé (facultatif)

Des instructions

1. Faire tremper les haricots pendant la nuit

2. Le lendemain matin : dorez votre viande

3. Ajouter la viande dorée à la mijoteuse, ajouter l'huile de noix de coco ou la graisse de bacon

4. Faire revenir les oignons jusqu'à ce qu'ils soient tendres, puis ajouter l'ail et cuire jusqu'à ce qu'ils soient tendres

5. Ajouter à la mijoteuse

6. Égouttez et rincez les haricots trempés et ajoutez-les au mélange

7. Ajouter les tomates, le bouillon et tous les assaisonnements sauf le sel (ajouter du sel trop tôt empêche les haricots de ramollir)

8. J'ai mis la mijoteuse à feu vif et je l'ai laissée 6 à 7 heures, mais les mijoteuses varient, alors planifiez en fonction du fonctionnement de votre appareil

9. Ajoutez du sel lorsque les haricots sont cuits

10. On aime garnir de crème sure et de fromage cheddar râpé

Soupe taco sans gluten

Ingrédients

- 1 lb de poitrine de poulet désossée et sans peau, cuite et déchiquetée

- 16 oz de salsa maison

- 14 oz de maïs en grains entiers, égoutté

- 2 tasses de haricots noirs trempés et cuits (ou une boîte de 14 oz, rincés et égouttés)

- 2 tasses de haricots rouges trempés et cuits (ou une boîte de 14 oz, rincés et égouttés)

- 6 oz de pâte de tomate

- litre de bouillon de poulet

- 28 oz de tomates en dés

- 1/2 tasse d'oignons coupés en dés

- 1/2 tasse de poivrons rouges ou verts, coupés en dés

- gousses d'ail, hachées

- cuillère à café de piment en poudre

- cuillères à soupe d'assaisonnement pour tacos (ou 1 paquet du commerce)

- 8 oz de crème sure (facultatif)

les directions

1. J'adore cette partie ! Jetez tout sauf la crème sure dans une mijoteuse. (J'utilise une mijoteuse de 6 pintes et cette recette la remplit presque.) Allumez-la à feu doux pendant environ 3 heures.

2. Ajouter la crème sure maison et bien mélanger. Gardez la soupe à feu doux pendant environ 30 minutes supplémentaires. ou jusqu'à ce qu'il soit complètement chauffé.

3. Servir avec de la crème sure maison supplémentaire et des croustilles de tortilla si désiré.

Soupe toscane au chou frisé et aux haricots blancs

Ingrédients:

Dans le pot

- 2 litres d'eau
- 2 tasses de haricots blancs Great Northern séchés, trempés pendant deux nuits
- 2 carottes moyennes, hachées grossièrement
- 2 côtes de céleri, hachées grossièrement
- 1/2 gros oignon jaune, haché grossièrement
- 3 pommes de terre moyennes, épluchées et coupées en bouchées
- 3 cuillères à soupe d'huile d'olive extra vierge
- 2 cuillères à café de sel d'oignon de Real Salt (sous-sel ordinaire)

Sur la cuisinière

- 2 cuillères à soupe d'huile d'olive extra vierge
- 2 grosses poignées de chou frisé
- 4 gousses d'ail
- purée de haricots (dans la recette ci-dessous)
- 1 cuillère à café de sel d'oignon de Real Salt (sous-sel ordinaire)

Méthode:

Dans le pot

1. Faites tremper vos haricots, de préférence pendant deux nuits, en rinçant et en changeant l'eau après chaque jour. Cela garantira que vos haricots deviennent doux et tendres.

2. Égouttez et rincez vos haricots.

3. Dans une grande mijoteuse, ajoutez l'eau, les haricots, les carottes, le céleri, l'oignon, les pommes de terre, 3 cuillères à soupe d'huile d'olive extra vierge et le sel. Bien mélanger et cuire à feu doux pendant 8 heures.

Sur la cuisinière

1. Une fois que les haricots et les légumes sont tendres et tendres, retirez une tasse de haricots et une tasse de bouillon. Assurez-vous de remettre le couvercle sur la mijoteuse.

2. Réduire les haricots et le bouillon en purée dans un mélangeur ou un robot culinaire.

3. Une fois que les haricots et le bouillon ont été réduits en purée, faites chauffer 2 cuillères à soupe d'huile d'olive extra vierge dans une casserole à fond épais ou une poêle en fonte. Ajouter le kale et l'ail. Faire sauter pendant 2-3 minutes ou jusqu'à ce que le chou frisé commence à flétrir et que l'ail libère son arôme. Ajouter la purée de haricots et faire sauter pendant 2 à 3 minutes

supplémentaires ou jusqu'à ce que les saveurs commencent à s'incorporer.

4. Ajouter le mélange de chou frisé et de haricots dans la mijoteuse et bien mélanger. Cela ajoutera plus de saveur et de profondeur à la soupe. Laisser poursuivre la cuisson dans la mijoteuse, à couvert, pendant 10 minutes supplémentaires.

Pain Croûté Frit

1. Pour rehausser les saveurs de la soupe, étalez de l'huile d'olive extra vierge sur les deux côtés du pain croûté.

2. Dans une poêle à frire peu profonde ou une poêle en fonte, chauffer 1 cuillère à soupe supplémentaire d'huile d'olive extra vierge et ajouter une gousse d'ail fraîchement hachée ou pressée.

3. Placer le pain sur l'huile et l'ail et laisser griller des deux côtés.

4. Pour servir, placez le pain au fond d'un bol, garni de la soupe et saupoudré de parmesan fraîchement râpé ou de pecorino romano.

Ragoût de Poulet Posole

pour 4 à 6 personnes

Ingrédients

Pour le ragoût :
- 2 poitrines de poulet non désossées, sans peau
- 2 boîtes (15 oz) de hominy blanc, rincées et égouttées
- 3 tasses de bouillon de poulet de bonne qualité
- 2 boîtes (14,5 oz) de tomates en dés
- 3 carottes, pelées et coupées en fines rondelles
- 3 oignons verts, les parties verte et blanche, tranchés finement
- 3 gousses d'ail, hachées
- cuillère à soupe de cumin
- cuillères à café de poudre de piment ancho léger
- ½ cuillères à café d'origan mexicain
- 1/8 cuillère à café de poivre de Cayenne
- cuillère à café de sel, ou au goût
- ½ cuillère à café de poivre noir fraîchement moulu
- Garnitures facultatives :

- Coriandre hachée

- Queso Fresco ou autre fromage mexicain de bonne qualité (Monterrey jack ferait l'affaire)

- Radis râpés (Utilisez les gros trous de votre râpe)

- Avocat

- Crème aigre

- Tortillas

Méthode:
1. Placez les poitrines de poulet au fond du CrockPot.

2. Mettez les ingrédients restants et remuez le dessus pour mélanger les épices.

3. Couvrir et cuire à feu doux pendant 5 à 6 heures, ou jusqu'à ce que le poulet et les carottes soient bien cuits et tendres.

4. Retirer le poulet de

5. CrockPot et déchiqueter avec deux fourchettes.

6. Remettre le poulet dans la mijoteuse, remuer pour combiner.

7. Servir avec des garnitures si désiré.

Sauce barbecue facile

Ingrédients
- c. ketchup
- 1/3 c. le vinaigre
- 1/3 c. sauce Worcestershire
- 1/2 c. cassonade
- c. sel
- c. moutarde

Méthode:
1. J'ai placé le poulet (n'importe quel type avec os fera l'affaire ; j'ai utilisé des demi-poitrines) dans la mijoteuse et j'ai versé la sauce barbecue dessus :

2. J'ai réglé la mijoteuse pour cuire à feu doux pendant 8 heures, mais cela n'a pas pris autant de temps. Je l'ai mis en marche vers 8h00 du matin et il était parfaitement cuit à 12h30. Si je veux que cela prenne plus de temps, je laisse le poulet (ou la viande que j'utilise) congelé.

3. Le barbecue dans la mijoteuse est RAPIDE, mis à part le temps de cuisson dans la mijoteuse. Cinq minutes maximum pour mélanger la sauce et la mettre en marche, puis vous pouvez faire ce que vous voulez pendant que la mijoteuse fait son travail !

Sloppy Joes

Ingrédients

☐ 2 lb de boeuf haché

☐ 1 petit oignon, haché

☐ 1 poivron vert, haché

☐ 1 ½ tasse de ketchup

☐ ¼ tasse de sucanat (ou cassonade)

☐ ¼ tasse de vinaigre de cidre de pomme (le vinaigre blanc fonctionnerait aussi)

☐ ¼ tasse de moutarde

☐ 1 cuillère à café de sauce Worchestershire

☐ ½ cuillère à café de poivre

☐ 1 cuillère à café de sel

Méthode:

1. Faire revenir le bœuf haché dans une grande poêle avec l'oignon et le poivron vert.

2. Ajouter le mélange de boeuf haché doré avec le reste des ingrédients dans la mijoteuse. Bien mélanger pour combiner.

3. Cuire à feu doux pendant au moins 3 heures, mais jusqu'à 6 heures.

Gyros de style mijoteuse

Ingrédients

- 1 livre de boeuf haché
- 1 livre de porc haché ou de dinde
- 1 oignon tranché
- 3 gousses d'ail hachées
- 2 cuillères à café d'assaisonnement grec

Méthode:

1. Placer l'oignon et l'ail dans la mijoteuse. Mélanger la viande et l'assaisonnement grec. Former deux petits pains et les déposer sur les oignons et l'ail, comme ceci.

2. Cuire à feu doux pendant 4 à 5 heures ou jusqu'à cuisson complète

Sauce:

Ingrédients

- 1 concombre, pelé, épépiné et haché
- 8 onces de yaourt nature
- ½ cuillère à café d'assaisonnement grec
- ½ cuillère à café de jus de citron

☐ ½ cuillère à café de sel

Méthode:

1. Mélanger et réfrigérer jusqu'au moment de servir.

2. Trancher la viande et servir sur des pitas ou des tortillas avec de la laitue râpée et une sauce au yogourt.

Poitrine de bœuf barbecue

Ingrédients:

☐ 2 à 3 lb de poitrine de bœuf

☐ 1 cuillère à café de piment en poudre

☐ ½ cuillère à café d'ail en poudre

☐ ½ cuillère à café de piment rouge broyé

☐ ¼ cuillère à café de graines de céleri

☐ 1/8 cuillère à café de poivre

☐ ½ tasse de ketchup

☐ ¼ tasse de Sucanat ou de Cassonade

☐ 2 cuillères à soupe de vinaigre de cidre de pomme

☐ 2 cuillères à soupe de sauce Worcestershire

☐ ½ cuillère à café de moutarde sèche

Les directions:

1. Dans un petit bol, mélanger la poudre de chili, l'ail, le piment rouge broyé, les graines de céleri et le poivre et frotter sur la viande.

2. Placer la viande dans la mijoteuse.

3. Mélanger le ketchup, le sucanat/sucre, le vinaigre, la sauce Worcestershire et la moutarde sèche et verser sur la viande.

4. Couvrir et cuire à feu doux pendant 8 à 10 heures ou à feu vif pendant 4 à 5 heures.

5. Coupez de fines tranches dans le sens du grain ou râpez-les simplement.

Pitas au poulet à la grecque

Ingrédients:

- ½ tasse d'oignon tranché
- 1 livre de cuisses de poulet désossées
- 1 ½ cuillères à café d'assaisonnement au citron et au poivre
- 1 gousse d'ail, hachée
- ¼ cuillère à café de cannelle
- ½ cuillère à café d'origan
- 1 cuillère à café de sel
- Pain pita
- ½ tasse de crème sure
- Tomate hachée

Les directions:

1. Déposer le poulet au fond d'un pot graissé.

2. Placer les oignons sur le dessus et saupoudrer l'ail et les épices sur le tout.

3. Placer le couvercle et cuire à LOW pendant 6 à 8 heures.

4. Lorsque le poulet est cuit, retirez-le de la mijoteuse et déchiquetez-le avec deux fourchettes.

5. Pendant que le poulet est sorti de la mijoteuse, incorporer la crème sure. Remettre le poulet dans la mijoteuse et bien mélanger.

6. Verser le poulet sur du pain pita chaud, en l'utilisant comme taco. Saupoudrer de tomate. Replier et servir.

Poulet effiloché barbecue

INGRÉDIENTS

1 boîte de 8 onces de sauce tomate à teneur réduite en sodium

1 boîte de 4 onces de piments verts hachés, égouttés

3 cuillères à soupe de vinaigre de cidre

2 cuillères à soupe de miel

1 cuillère à soupe de paprika doux ou fumé

1 cuillère à soupe de pâte de tomate

1 cuillère à soupe de sauce Worcestershire

2 cuillères à café de moutarde sèche

1 cuillère à café de piment chipotle moulu

½ cuillère à café de sel

2½ livres de cuisses de poulet désossées et sans peau, dégraissées

1 petit oignon, haché finement

1 gousse d'ail, hachée

DES INSTRUCTIONS

1. Mélanger la sauce tomate, les piments, le vinaigre, le miel, le paprika, la pâte de tomate, la sauce Worcestershire, la moutarde, le chipotle moulu et le sel dans une mijoteuse de 6 pintes jusqu'à consistance lisse.

2. Ajouter le poulet, l'oignon et l'ail; remuer pour combiner.

3. Mettez le couvercle sur la mijoteuse et faites cuire à feu doux jusqu'à ce que le poulet puisse être séparé, environ 5 heures.

4. Transférer le poulet sur une planche à découper et le déchiqueter à la fourchette.

5. Remettre le poulet dans la sauce, bien mélanger et servir.

Wraps au boeuf tex-mex

INGRÉDIENTS

1 cuillère à soupe de piment en poudre

2 cuillères à café de cumin moulu

1 cuillère à café de sel

1/4 cuillère à café de poivron rouge moulu, ou au goût

1 rôti de palette de bœuf désossé (2-1/2 à 3 livres), coupé en 4 morceaux

1 oignon moyen, haché

3 gousses d'ail, hachées

1 tasse de salsa, divisée

12 (6 à 7 pouces) tortillas de farine ou de maïs, réchauffées

1 tasse de fromage Cheddar ou Monterey Jack râpé

1 tasse de tomates hachées

1/4 tasse de coriandre hachée

un. avocat mûr, coupé en dés

PRÉPARATION:

1. Mélanger la poudre de chili, le cumin, le sel et le poivron rouge. Frotter la viande partout avec le mélange d'épices. Placer l'oignon et l'ail au fond d'une mijoteuse de 3 1/2 pintes; garnir de viande. Déposer 1/2 tasse de salsa sur la viande. Couvrir et cuire à FAIBLE intensité de 8 à 9 heures ou à intensité ÉLEVÉE de 3 1/2 à 4 1/2 heures.

2. Retirer la viande de la mijoteuse; déposer sur une assiette et utiliser 2 fourchettes pour effilocher la viande. Écumez et jetez le gras des jus dans la mijoteuse; remettre la viande dans le jus et bien mélanger. Rectifier les assaisonnements. Placer la viande sur des tortillas chaudes; garnir de fromage, de tomate, de coriandre et d'avocat. Rouler pour enfermer la garniture. Servir avec la salsa restante.

poulet et quinoa

Ingrédients

- tasse de quinoa (trempé une nuit dans l'eau, égoutté et rincé. Si vous ne le faites pas encore tremper, rincez-le pour éliminer une substance amère).

- tasses de bouillon de poulet

- 3/4 tasse de vin blanc (sec fait toute la différence - l'alcool en est cuit. Ajoutez de l'eau supplémentaire si vous n'avez pas de vin)

- tasses d'eau

- cuillères à café de thym séché

- cuillère à café de sel de mer

- carottes, en cubes (pelées si vous n'achetez pas bio)

- céleri, tranché

- oignon, en dés

- poitrines de poulet (non cuites) (je recommande l'os pour un poulet plus juteux, mais désossé pour un déchiquetage plus facile plus tard)

- cuillères à soupe de beurre ou d'huile de noix de coco

Des instructions

1. Jetez tout dans la mijoteuse.

2. Cuire à feu doux pendant 7 à 8 heures (élevé pendant 4).

3. Retirer le poulet, le déchiqueter et le remettre dans le ragoût

Poulet grec

Résumé : une recette de mijoteuse facile mais délicieuse

Ingrédients

2-3 livres de pommes de terre rouges

2 à 3 lb de morceaux de poulet (les quartiers sont les meilleurs, mais n'importe quel type fera l'affaire)

1/2 oignon, haché

2-3 gousses d'ail, hachées

sel et poivre au goût

1 cuillère à soupe d'origan séché

1-2 CS d'huile d'olive

Des instructions

1. Peler les pommes de terre si désiré. Coupez-les en quartiers et placez-les au fond de la mijoteuse.

2. Placer les morceaux de poulet sur les pommes de terre.

3. Saupoudrer le poulet d'oignon, d'ail et d'assaisonnements.

4. Arrosez le tout d'huile d'olive.

5. Cuire à High pendant 4 heures ou Low pendant 6 à 8 heures.

Poulet balsamique aux olives

Temps de préparation : 10 minutes

Temps de cuisson : 4 heures

Rendement : 6 portions

Portion : 1/6 poulet et mélange de sauce

Ingrédients

- livre des poitrines de poulet désossées et sans peau
- boîte de tomates en dés (14,5 oz)
- boîte de sauce tomate (14,5 oz)
- oignon finement tranché
- 4- 6 gousses d'ail, entières
- 1/2 tasse de vinaigre balsamique
- Huile d'olive T
- 12 olives Kalamata dénoyautées
- mélange d'herbes italiennes palmées (thym, basilic, romarin, origan)
- poivre noir moulu et sel au goût

Des instructions

1. Versez l'huile d'olive au fond de la mijoteuse.
2. Placer les poitrines de poulet dans la mijoteuse. Assaisonnez avec du sel et du poivre.

3. Garnir chaque poitrine d'oignon émincé, de gousses d'ail et d'herbes italiennes.

4. Versez le vinaigre, les tomates et la sauce tomate.

5. Cuire à feu vif environ 4 heures.

6. Retirez les poitrines de poulet, coupez-les en biais et remettez-les dans la sauce tomate/vinaigre.

7. Ajouter les olives et les laisser réchauffer une dizaine de minutes.

8. Servir sur des spaghettis de blé entier, de la polenta ou les glucides de votre choix. Saupoudrer de parmesan râpé ou d'un peu de feta légère émiettée.

Poulet hawaïen

Écrire un avisEnregistrer la recetteImprimer

Ingrédients

- 4 poitrines de poulet désossées et sans peau
- (20 oz) de tranches d'ananas, égouttées et le jus réservé
- poivron vert, épépiné et haché
- cuillère à soupe de sauce soja
- cuillère à soupe de cassonade
- Jus d'un citron
- 1/2 cuillère à café de gingembre moulu
- cuillère à soupe de fécule de maïs
- 1/2 cuillère à café de sel
- 1/2 cuillère à café de poivre

Des instructions

1. Placez le poulet au fond d'une mijoteuse qui a été pulvérisée avec un spray antiadhésif. Placer les rondelles d'ananas et le poivron haché sur le poulet.

2. Dans un petit bol, fouetter ensemble le jus d'ananas, la sauce soya, la cassonade, le jus de citron, le gingembre, l'amidon de maïs,

le sel et le poivre jusqu'à ce que la cassonade et l'amidon de maïs soient dissous.

3. Versez le mélange de jus d'ananas sur le dessus du poulet. Couvrir et cuire à feu vif pendant 2 1/2 à 3 heures ou à feu doux pendant 4 à 6 heures.

4. Servir les poitrines de poulet sur du riz ou déchiqueter le poulet, remettre dans la mijoteuse et servir sur des petits pains.

Poulet à la mijoteuse méli-mélo

- poulet entier
- poivron rouge, tranché
- branches de céleri, hachées
- ½ oignon, tranché
- ½ tasse – ¾ tasse de petites carottes
- gousses d'ail
- ¼ c. sel de mer
- ¼ c. cumin en poudre
- ¼ c. Origan
- Poivre à goûter

Les directions:

1. Tranchez et préparez tous les légumes et couchez-les au fond de la mijoteuse.

2. Placer le poulet sur les légumes et saupoudrer d'assaisonnements partout.

3. Ajouter 1 tasse d'eau filtrée.

4. Couvrir et cuire dans une mijoteuse à puissance élevée pendant 4 à 5 heures ou jusqu'à ce que le poulet soit bien cuit.

www.ingramcontent.com/pod-product-compliance
Lightning Source LLC
Chambersburg PA
CBHW071612080526
44588CB00010B/1108